JAMES E. RYAN

LE 5 DOMANDE ESSENZIALI (PIÙ UNA)

Per Doug Kendall
1964-2015

MACRO

Cesena • Parigi • Montreal • Barcellona • Madrid

www.gruppomacro.com

INTRODUZIONE

Perché domandare?

Qualora ve lo steste chiedendo, ci sono davvero solo cinque domande essenziali nella vita, e sono gli interrogativi che dovreste porre regolarmente a voi stessi e agli altri. Se vi abituate a fare queste cinque domande, avrete una vita più felice e piena di successi. Alla fin fine, sarete anche in grado di fornire una buona risposta a quella che nel libro definisco la "domanda bonus", che è forse la questione più importante che vi troverete mai a dover affrontare.

Prima che alziate gli occhi al cielo o, peggio ancora, posiate il libro, lasciatemi dire questo: so bene che quanto ho appena scritto potrebbe sembrare pomposo e anche un tantinello eccessivo. La mia sola giustificazione è che il presente volume è nato come discorso per la consegna dei diplomi, e tali discorsi sono fatti per essere pomposi. Inoltre, se reputate pomposo ciò che avete appena letto, dovreste ascoltare il mio intervento! In ogni caso, vi chiederei di non giudicarmi troppo duramente; non ancora, perlomeno. Se non altro, posso garantire che il libro sarà più articolato e, spero, più divertente del discorso. È senz'altro più lungo.

Ho pronunciato il mio intervento in veste di preside della Harvard Graduate School of Education. Ogni anno, in occasione della cerimonia delle lauree, sono tenuto a elargire qualche "breve considerazione", che di solito non è mai breve quanto dovrebbe. I laureandi e le loro famiglie, dal canto loro, sono tenuti ad ascoltare, proprio come tante altre persone in giro per il Paese, costrette a sorbirsi un mucchio di banalità e luoghi comuni, mentre combattono la noia (per non parlare dei colpi di calore), il tutto per un diploma. Credevo che il discorso sulle domande che ho pronunciato qualche anno fa non fosse malaccio. Non era niente di eccezionale, ma mi sembrava dignitoso.

Non mi sarei mai aspettato che diventasse "virale", ma così è stato. Milioni di persone ne hanno guardato un breve estratto online. Molti hanno avanzato commenti lusinghieri e generosi. Altri hanno espresso considerazioni contrariate e molto poco adulatorie; me le ricordo quasi tutte e alcune le ho trovate davvero esilaranti. Così va il mondo delle recensioni online e così funziona la mia psiche, ma approfondiremo quest'ultimo aspetto tra non molto.

Dopodiché, prima che io me ne accorgessi, un editor mi ha contattato per propormi di trasformare il discorso in un libro e, prima che voi ve ne accorgeste, lo stavate leggendo, almeno fino a questo punto.

Ma allora, perché scrivere un discorso e poi un libro sull'importanza di fare delle buone domande, nello specifico cinque domande essenziali? Ottima domanda. (Capite cosa intendo?) La risposta è almeno in parte personale.

Sono sempre stato affascinato, per non dire ossessionato, dalle domande. Come molti bambini, quando ero piccolo ne facevo davvero un sacco. Il problema, soprattutto per i miei amici e la mia famiglia, è che non ho mai smesso. Ricordo con un certo imbarazzo svariate cene di famiglia in cui i miei genitori e la mia povera sorellina dovevano sciropparsi raffiche di interrogativi e ulteriori approfondimenti.

Mano a mano che crescevo, le mie domande erano meno del tipo "perché il cielo è azzurro?" e diventavano sempre più simili a quelle che potrebbe porre un avvocato nel controinterrogare un testimone, benché più insistenti che ostili. O così mi piaceva pensare. Chiedevo ai miei genitori perché credevano che certe cose fossero vere e se potevano fornire una dimostrazione a sostegno delle loro convinzioni. Domandavo pertanto a mia mamma che garanzie avesse che Ronald Reagan sarebbe stato un buon presidente e a mio padre che garanzie avesse che Reagan sarebbe stato un pessimo presidente. Chiedevo a entrambi quali prove concrete potessero addurre per sostenere che il papa fosse il rappresentante di Dio sulla terra. Non tutti gli argomenti erano di natura così elevata. Ero altrettanto pronto a torchiarli riguardo a tematiche più triviali, ad esempio perché ritenevano importante che io mangiassi i cavoletti di Bruxelles, o perché qualcuno considerasse cibo il fegato con le cipolle.

In breve, ero seccante. Mio padre, che non aveva mai frequentato il college, non sapeva cosa pensare dei miei continui interrogatori e del fatto che porre domande e lanciare la palla sembravano i miei unici veri talenti. A differenza di lui, non ero tagliato per le cose meccaniche e non sapevo aggiustare un bel niente. Non avevo alcuna abilità pratica, ma non restavo mai a corto di quesiti, motivo per cui continuava a ripetermi che avrei fatto meglio a diventare avvocato. Non riusciva a immaginare che potessi guadagnarmi da vivere in altro modo.

Alla fine seguii il suo consiglio e, una volta terminato il college, mi iscrissi a Giurisprudenza. Era fatta per me. I professori di diritto, come forse saprete, insegnano soprattutto attraverso il metodo socratico, o comunque una versione simile. Si rivolgono agli studenti di Legge e li incalzano con una sfilza di domande per verificare se le loro risposte reggono la pressione di ulteriori quesiti o un lieve cambiamento dei fatti. Condotta bene, questa specie di interrogatorio obbliga gli studenti a pensare a fondo alle implicazioni dei propri ragionamenti e a individuare i principi giuridici generali che possono essere applicati in tutta una serie di contesti differenti.

Mi sembrava di aver trovato i miei simili, che è uno dei motivi per cui, dopo aver esercitato la professione di avvocato per qualche anno, decisi di diventare professore di giurisprudenza.

Poco dopo aver accettato l'incarico presso la School of Law della University of Virginia, che era anche la facoltà che avevo frequentato da studente, i miei genitori vennero a trovarmi a Charlottesville. Mio padre mi chiese di assistere a una mia lezione. Ripensandoci, fu un'esperienza toccante, dal momento che fu l'unica volta in cui mi vide insegnare. Morì d'infarto qualche mese dopo, in maniera improvvisa e inaspettata.

Era rimasto un po' sorpreso che avessi scelto di diventare professore di giurisprudenza. Sapeva che mi piaceva esercitare la professione legale, e non era del tutto convinto che fare il professore fosse un vero mestiere. Ma dopo aver assistito alla lezione, in cui avevo passato il tempo a tartassare gli studenti di domande, si era reso conto che ero riuscito a trovare forse l'unico lavoro al mondo per cui ero naturalmente portato. «È quello per cui sei nato» mi disse, e aggiunse, perlopiù scherzando, che non riusciva a credere che mi pagassero per porre agli studenti delle domande tanto seccanti quanto quelle che facevo a tavola quando ero piccolo.

Dopo aver insegnato diritto per quindici anni presso la University of Virginia, ho ricevuto la proposta inattesa di diventare preside della Harvard Graduate School of Education. Per buona parte della mia carriera ho prodotto scritti e insegnato nell'ambito del diritto scolastico, per cui non era un'idea del tutto bizzarra trasferirmi in una facoltà del genere. Inoltre, ci tenevo molto alle opportunità educative, avendo tratto grande beneficio dall'istruzione che avevo ricevuto nella mia cittadina natale nel nord del New Jersey e, in seguito, a Yale e alla University of Virginia.

Come mio padre, neanche mia madre aveva frequentato il college, eppure credevano entrambi fermamente nel potere dell'istruzione e io ho sperimentato quel potere in prima persona. Gli insegnanti della mia scuola, nel New Jersey, mi hanno aiutato a entrare a Yale come studente universitario e questo evento mi ha cambiato la vita, aprendo porte di cui ignoravo persino l'esistenza. Mi ha anche spinto a pormi una domanda a cui ho cercato di rispondere per gran parte della mia vita professionale: perché il nostro sistema scolastico funziona bene per alcuni ragazzi, ma ne delude tanti altri, soprattutto coloro che partono già svantaggiati? Ho accettato l'incarico di preside a Harvard perché mi sembrava un'occasione irripetibile per lavorare con un gruppo di persone dedite e stimolanti, tutte fortemente impegnate a migliorare le opportunità educative per studenti troppo spesso trascurati.

Nel corso del mio primo anno di incarico, ho scoperto che i presidi devono tenere un sacco di discorsi, il più importante dei quali è quello che si pronuncia il giorno della consegna dei diplomi. Che è anche il più difficile da mettere a segno.

Non sapevo bene di cosa parlare durante la mia prima cerimonia di laurea, così ho riesumato il discorso che avevo tenuto alla consegna dei diplomi alle superiori.

(Sì, ero un tantino disperato.) Per l'occasione avevo scelto un tema estremamente originale, quello del tempo, ed essendo io alle superiori, l'intero discorso verteva su citazioni sconnesse di personaggi celebri tratte dal repertorio del *Bartlett's Familiar Quotations*, che riportava il concetto di tempo secondo Helen Keller, secondo Einstein e secondo Yogi Berra. Quando ho rimaneggiato il discorso per i laureandi di Harvard del 2014, mi sono reso conto che quello che cercavo di dire trent'anni prima era che non dovremmo perdere tempo ad avere paura del passato, del futuro, delle incognite, delle altre persone, delle nuove idee o delle nuove circostanze. Credo tuttora che sia così.

L'anno successivo ho affrontato un altro argomento che mi frullava per la testa da un bel po': il peccato di omissione. Ho ricevuto un'educazione cattolica, per cui andavo a messa tutte le domeniche e facevo il chierichetto. I cattolici, qualora non lo sapeste, sono dei veri maestri nel peccato, soprattutto quello di omissione.

Scoprii questo tipo di peccato durante la mia prima confessione. Circa un anno prima, quando avevo undici anni, io e il mio amico avevamo dato fuoco per sbaglio al giardino di casa mia. Stavamo cercando di incendiare una foglia con una lente d'ingrandimento, ma poiché non sembrava funzionare, decidemmo di cospargerne alcune con della benzina. Questo funzionò piuttosto bene, anzi, talmente bene che nel giardino scoppiò un incendio abbastanza esteso. Alla fine, io e il mio amico riuscimmo a spegnere le fiamme, ma non prima che mi incenerissi le sopracciglia.

Quella sera, quando i miei genitori mi chiesero se avessi idea del perché ci fosse un'ampia chiazza nera di erba bruciata nel nostro giardino, mi finsi stupito quanto loro.

«Che strano» commentò mio padre.

Gli domandai perché pensava che fosse strano.

«Perché sono abbastanza convinto che tu avessi le sopracciglia stamattina».

Non insistette oltre. Di certo si aspettava che prima o poi avrei cantato, e così fu, in effetti. Ma mi confidai prima con un prete e poi, solo molto tempo dopo, con i miei.

Lì per lì, ero indeciso se ammettere questo specifico peccato durante la mia prima confessione. Sulle prime mi sembrava una cosa piuttosto grossa da raccontare e mi resi conto di aver commesso due peccati, in realtà: avevo appiccato il fuoco e poi, alla precisa domanda dei miei genitori, mi ero "scordato" di averlo fatto, come accade a volte ai politici.

Quando giunse l'ora di confessarmi, prima chiesi al prete cosa succede se non riveli tutti i tuoi peccati. In pratica, volevo sapere che alternative avevo. «Sarebbe anche quello un peccato» rispose il sacerdote. «Un peccato di omissione». "Accidenti", pensai, ma naturalmente non lo dissi. Il prete mi spiegò che non fare qualcosa che dovresti fare è un peccato tanto quanto fare di proposito qualcosa di sbagliato.

In un primo momento, l'idea che si potesse peccare non facendo nulla mi sconcertò, eppure, con il passare degli anni, giunsi alla conclusione che spesso i peccati di omissione sono più dannosi, per noi stessi e per gli altri, rispetto ai peccati di commissione. Credo davvero che siano spesso la fonte dei nostri peggiori rimorsi, motivo per cui alla fine confessai ai miei genitori di aver appiccato il fuoco in giardino. È anche la ragione per cui parlai del peccato di omissione in occasione del mio secondo discorso per la consegna dei diplomi in qualità di preside. Consigliai agli studenti di prestare molta attenzione a ciò che *non* fanno.

Nella primavera del 2016, mano a mano che si avvicinava la cerimonia delle lauree, i miei amici e colleghi cominciarono a chiedermi di cosa avrei parlato nel mio prossimo intervento. Per un po', mi limitai a rispondere d'istinto: «Bella domanda», che è una pessima risposta, lo so. Ma poi mi resi conto che, benché fosse una brutta risposta, il tema delle "belle domande" poteva davvero funzionare per un discorso di laurea, data soprattutto la mia fissazione per l'argomento.

Pertanto, l'importanza di porre (e sforzarsi di cogliere) delle belle domande è diventata oggetto del mio intervento, nonché materia di questo libro. I capitoli a seguire illustreranno cinque interrogativi essenziali più una domanda bonus finale. Ma prima di passare ai quesiti specifici, potrebbe essere utile inserirli in un contesto più ampio. Per cui lasciatemi dare due consigli sulle domande in generale.

Il primo è riflettere più a lungo sui giusti quesiti da porre.

Molti di noi sprecano troppo tempo a preoccuparsi di avere le risposte giuste. I neolaureati sono particolarmente inclini a tale preoccupazione, avendo da poco ricevuto un diploma che attesta le loro conoscenze; similmente, le loro famiglie potrebbero aspettarsi alcune risposte, soprattutto se hanno contribuito a pagare le spese universitarie. A dire il vero, in molti ci facciamo prendere dall'ansia di trovare le risposte giuste. È un tratto distintivo delle nostre vite professionali, in cui non vogliamo sentirci inadeguati di fronte ai colleghi, e che permea anche le nostre vite private, in cui non vogliamo sembrare degli sprovveduti agli occhi di coloro che dipendono da noi. I neogenitori, ad esempio, vogliono avere tutte le risposte per/e a proposito dei loro figli. Proprio come degli impiegati appena assunti, i neogenitori tendono ad agitarsi se incappano in una domanda a cui non sanno rispondere, il che naturalmente succede molto spesso, quando si è alle prime armi con qualcosa. Ecco perché le nuove esperienze possono essere stressanti. Del resto, chi non sarebbe stressato se pensasse di dover avere tutte le risposte, mentre non ha altro che domande?

Mi sono trovato in questa stessa situazione quando sono diventato preside. All'inizio credevo che gran parte del mio lavoro consistesse nel detenere tutte le risposte. D'altronde, ci si aspetta che i leader propongano una visione. Eppure, delinearne una significa, in un certo senso, rispondere a una domanda fondamentale: qual è l'essenza di questa istituzione? Confesso che non avevo chissà quale visione quando ho cominciato. Sapevo a malapena dove fosse il bagno. Non avere risposte, né tantomeno una visione, sulle prime mi generava ansia, mi lasciavo prendere dallo sconforto e talvolta anche dal panico.

Tuttavia, dopo un po', mi sono stufato di far finta di conoscere le risposte, e ho iniziato a fare domande, anche in risposta ad altri quesiti, replicando ad esempio: «Bella domanda. Tu cosa ne pensi?». E mi sono reso conto che porre dei buoni quesiti è importante per i presidi tanto quanto lo è per i professori di giurisprudenza, benché le domande siano senz'altro diverse. Solo chiedendo agli altri si può articolare una visione convincente per coloro che lavorano con noi. Finché non sono giunto a questa conclusione, ho sprecato fin troppo tempo a stressarmi per il fatto di non saper rispondere all'istante a tutte le domande che mi venivano poste, sia piccole che grandi.

Ciò non significa che le risposte siano irrilevanti o prive di importanza, ma le domande contano quanto le risposte, spesso anche di più. La pura e semplice verità è che una risposta può essere bella al massimo quanto la domanda posta. Se fai la domanda sbagliata, otterrai la risposta sbagliata.

Lo so per esperienza personale. A dire il vero, avrei più di un'esperienza da condividere, ma ne racconterò soltanto una. L'ambientazione è il ballo di Giurisprudenza a Charlottesville, nel 1990. Ero finalmente riuscito a trovare il coraggio di presentarmi a Katie Homer, una compagna di facoltà per cui mi ero preso una cotta pazzesca.

Ma commisi due errori. Innanzitutto, decisi di presentarmi mentre Katie stava ballando con qualcun altro. (Non chiedetemi perché, anche se sarebbe un'ottima domanda.) Il secondo errore, ancora più clamoroso, fu che all'ultimo momento andai nel pallone e, invece di presentarmi a Katie, mi presentai al ragazzo che ballava con lei, che chiamerò Norman. Per farmi sentire nonostante la musica, domandai a voce piuttosto alta: «Sei Norman, per caso? Te lo chiedo perché mi sa che siamo nello stesso corso di Procedura civile e ammiro molto i tuoi interventi in aula durante le lezioni». Norman mi rispose con aria allegra: «Sì che sono io, grazie mille!».

Ora, data la mia domanda, Norman replicò con una frase del tutto appropriata, ma era pur sempre quella sbagliata. La risposta corretta, almeno a mio parere, sarebbe stata: "Sono Katie Homer. È un vero piacere conoscerti e, sì, vorrei sposarti". Ma senza avere posto il quesito giusto, non potevo sperare di ottenere la risposta giusta. Per mia grande fortuna, Katie intuì la vera domanda che stavo cercando di fare, il che aiuta a capire perché oggi siamo sposati.

Porre delle buone domande è più difficile di quanto sembri. Non lo dico soltanto per giustificare il fatto di aver posto la domanda sbagliata al ballo. Fare delle buone domande è difficile perché presuppone di saper guardare al di là delle risposte facili, concentrandosi piuttosto su ciò che è complesso, ingannevole, misterioso, imbarazzante e talvolta doloroso. Eppure, ho il sospetto che voi e i vostri interlocutori uscirete arricchiti dallo sforzo, e questo vale tanto nella vita professionale quanto in quella privata.

Fare delle buone domande è fondamentale per avere successo in quasi tutte le carriere immaginabili. I bravi insegnanti, ad esempio, riconoscono che le domande ben poste generano conoscenza e accendono la scintilla che alimenta il fuoco della curiosità. E non c'è dono più grande della curiosità da trasmettere ai bambini. I veri leader, anche i più grandi, ammettono di non avere tutte le risposte, ma sanno porre le domande giuste: quelle che obbligano loro stessi e gli altri a superare risposte trite e desuete, e che rivelano opportunità che, senza la domanda, sarebbero passate inosservate.

Gli innovatori, in qualunque settore operino, riconoscono la saggezza di Jonas Salk, che ha sviluppato il vaccino contro la poliomielite: «Quello che la gente ritiene il momento della scoperta» sosteneva Salk, «è in realtà la scoperta della domanda». Ci vuole del tempo per individuare la domanda, ma è tempo speso bene. Einstein, che era un fervido sostenitore dell'importanza di porre dei buoni quesiti, pronunciò la famosa frase secondo cui, se avesse avuto un'ora per risolvere un problema da cui fosse dipesa la sua vita, avrebbe impiegato i primi cinquantacinque minuti a definire la giusta domanda da porsi. Forse conviene ritagliarsi un po' più di tempo rispetto ad Einstein per trovare la soluzione, ma il senso mi pare chiaro.

Fare delle belle domande è importante anche nella vita privata. I buoni amici fanno delle ottime domande, così come i bravi genitori. Pongono dei quesiti che, già solo nella formulazione, dimostrano quanto sappiano e si prendano cura di noi. Fanno domande che invitano a riflettere, a pensare, che suscitano sincerità e stimolano una connessione più profonda; domande che non prevedono per forza una risposta, ma si rivelano irresistibili. Ritengo che porre domande irresistibili sia un'arte che vale la pena coltivare.

Di certo, porre delle belle domande fa parte di ciò che ci rende umani. Pablo Picasso una volta ha dichiarato di reputare inutili i computer, perché non fornivano altro che risposte. È un'affermazione un tantino estrema, anche perché Picasso ha espresso il suo giudizio molto prima dell'avvento di Siri e Google, per non parlare di Watson. Eppure, a pensarci bene, Siri, Google e Watson sono straordinari nel rispondere ad alcune semplici domande, ma non sono molto abili nel porle.

I computer sono anche piuttosto scarsi nell'interpretare domande mal poste, il che mi porta al mio secondo consiglio: è importante sforzarsi di cogliere le belle domande. È un luogo comune affermare che non esistano domande brutte. Anzi, è addirittura falso, ma solo in parte. Un sacco di domande sembrano brutte, a prima vista, come ad esempio: «Sei Norman, del mio stesso corso di Procedura civile?». Tuttavia, il fatto che queste restino brutte spesso dipende da chi ascolta. Il consiglio che voglio condividere è che voi, in quanto ascoltatori, potete trasformare gran parte delle domande brutte in bei quesiti, purché ascoltiate con attenzione e generosità.

Non c'è ombra di dubbio che incapperete in qualche domanda senza speranza, di tanto in tanto, ma molte di quelle che a prima vista sembrano pessime sono in realtà ottime domande o, perlomeno, sono quesiti innocenti in vesti strambe. Per aiutarvi a comprendere questo aspetto, vorrei sottoporvi un piccolo test o, come si dice oggi in ambito didattico, una valutazione formativa. Vi racconterò due storie, entrambe vere, e il vostro compito sarà individuare le differenze.

Nel 1984, poco dopo il mio arrivo nel campus di Yale come matricola, attaccai bottone con una compagna di corso. Fu uno scambio vivace e disinvolto e, dopo una ventina di minuti, la ragazza ebbe un attimo di esitazione, poi disse: «Posso farti una domanda?». Al che pensai, tra me e me: "Incredibile! Adesso mi chiede di andare a cena fuori o al cinema. Sono al college da due giorni e ho già un appuntamento".

Ora, prima di dirvi cosa mi chiese in realtà, dovrei farvi presente che in quel momento della mia vita ero alto circa un metro e sessanta, quindi una buona quindicina di centimetri in meno rispetto all'altezza vertiginosa di un metro e settantacinque che ho raggiunto in seguito. Fatto forse ancora più rilevante è che allora la pubertà per me era solo un concetto astratto. In poche parole, avevo l'aspetto di uno di dodici o tredici anni. Ma torniamo alla domanda. Il mio tanto auspicato appuntamento disse: «Ehm, non so bene come chiedertelo, ma per caso sei uno di quei bambini prodigio?». Inutile dire che non andammo fuori a cena. E neanche al cinema.

Confrontate questa domanda con quella che fecero a mia madre circa due mesi dopo la mia bizzarra conversazione sul bambino prodigio. Sono cresciuto a Midland Park, una cittadina industriale del New Jersey settentrionale, piena di idraulici, elettricisti e giardinieri, e circondata da quartieri residenziali più benestanti, i cui abitanti davano impiego a quegli stessi idraulici, elettricisti e giardinieri. Il nostro supermercato di fiducia, l'A&P, si trovava nella periferia di Midland Park, al confine con una facoltosa città limitrofa. Un giorno, nel parcheggio del supermercato, mentre mia madre caricava la spesa in macchina, una donna che sembrava appena uscita dal parrucchiere si avvicinò e le chiese se venisse da Midland Park. Una volta avuta la conferma di mia madre, la donna indicò l'adesivo di Yale sul lunotto posteriore della nostra auto e disse: «Non per fare la ficcanaso, ma sono proprio curiosa: quell'adesivo di Yale era già sulla macchina quando l'avete comprata?».

Percepite la differenza tra le due domande, vero? La prima era innocente, persino divertente (in parte), cosa di cui alla fine mi sono reso conto quando, dopo lunghi mesi estenuanti, ho raggiunto la pubertà. La seconda domanda era ostile. Anzi, in realtà, non era nemmeno una domanda. Era un insulto.

Capiterà, sempre che non vi sia già successo, che vi vengano rivolte delle domande ostili nella vita; alcune da parte di perfetti sconosciuti, altre da colleghi, superiori o parenti. Il trucco sta nel distinguere quelle ostili da quelle goffe ma innocenti. Le domande goffe possono nascondere in realtà un tentativo di conoscervi meglio, o possono essere semplicemente il risultato di agitazione e ignoranza, nessuna delle quali è moralmente reprensibile. Le domande davvero cattive, in realtà, non sono affatto delle domande. Sono affermazioni travestite da quesiti, fatti per umiliare o mettere in difficoltà. È bene diffidare di certe "domande", ma credo valga anche la pena restare aperti e bendisposti nei confronti di tutte le altre domande genuine, comprese quelle goffe.

Per darvi un'idea più concreta del perché io creda nel potere (e nella bellezza) dei buoni quesiti, voglio rivolgere l'attenzione alle cinque domande essenziali, ovvero quelle che dovreste sempre porre e sforzarvi di cogliere, anche quando vengono formulate in maniera bizzarra. Non sono senz'altro le sole domande importanti che possiate porre a voi stessi e agli altri: l'importanza di qualcosa spesso dipende dal contesto. Queste cinque domande sono più che altro essenziali, stanno alla base delle nostre conversazioni quotidiane, sia semplici che profonde, e sono quasi sempre utili, a prescindere dal contesto. Sono domande che possono altrettanto prontamente aiutarvi ad affrontare un lunedì mattina così come a comprendere cosa volete fare della vostra vita. Sono domande che vi agevoleranno nello stabilire nuovi rapporti e approfondire quelli che già avete.

* * * *

Quando andavo alle elementari, il custode della nostra scuola teneva un enorme mazzo di chiavi appeso alla cintura. Le sue chiavi mi affascinavano, in parte perché sembravano più numerose delle porte presenti nella nostra scuola, o almeno di quelle che a noi studenti fosse consentito vedere. Mi chiedevo quali altre porte nascoste si potessero aprire con quelle chiavi e cosa si celasse dall'altra parte. A mio parere il custode era la persona più potente della scuola perché aveva tutte le chiavi, che per me erano il simbolo del potere.

Le domande sono come delle chiavi. Il giusto quesito, posto al momento opportuno, spalanca la porta a qualcosa che ancora non si sa, qualcosa di cui non ci si è ancora resi conto o che non si era neanche preso in considerazione a proposito di sé stessi e degli altri. Ciò che intendo dire è che le cinque domande che seguono sono come le cinque chiavi fondamentali di un mazzo. Benché di tanto in tanto avrete senz'altro bisogno di altre chiavi, non vorrete mai restare senza queste cinque.

1

ASPETTA, COSA?

La prima volta che ho chiesto "aspetta, cosa?" è stato pochi istanti prima che mio figlio Will nascesse.

Io e Katie eravamo convinti di avere tutta la questione del travaglio e del parto sotto controllo, benché fossimo genitori alle prime armi. Avevamo frequentato il corso preparto, facevamo gli esercizi di respirazione e avevamo guardato un sacco di video. Quando arrivò il momento e a Katie si ruppero le acque, la mattina del 25 febbraio 1996, sapevamo di essere pronti.

Ci presentammo al Lenox Hill Hospital di New York e ci portarono in una sala travaglio e parto arredata come la camera di un hotel di lusso. Essendo alla sua primissima esperienza, Katie non aveva la minima idea se fosse in travaglio attivo o meno. Avvertiva qualche lieve fitta, ma le infermiere più navigate non sembravano affatto colpite. Mentre passeggiavamo in giro per l'ospedale, nella speranza di velocizzare l'intero processo, Katie era perlopiù sorridente e solo di tanto in tanto accennava qualche smorfia di dolore; così, una delle infermiere più anziane le disse, in classico stile newyorkese: «Tesoro, sai cosa ti ci vorrebbe? Una vera contrazione».

Le contrazioni vere arrivarono circa dieci ore dopo. E non passarono inosservate. Il problema è che non sembrava accadere nient'altro, e dopo un po' Katie e il nostro futuro bimbo, Will, iniziarono a soffrire. Il dottore entrò nella stanza e annunciò con disinvoltura che era ora che ci portassero in un'altra sala, il che non faceva parte del piano originario, ma acconsentimmo senza fare domande, cosa alquanto paradossale dato l'argomento del presente libro.

L'altra stanza era in realtà una sala operatoria, per cui passammo dall'ambiente intimo e confortevole della nostra finta camera d'albergo a un locale freddo, illuminato a giorno e rivestito di piastrelle. C'era un'équipe di tecnici e infermieri ad attenderci. Io rimasi in piedi accanto al lettino di Katie mentre il dottore ci spiegava con estrema calma che Will era essenzialmente bloccato, forse perché aveva la testa molto grande, e che dovevano farlo uscire al più presto. Il medico chiese se preferissimo che usasse il forcipe o la ventosa per agevolare il parto. Katie gridò: «Basta che finisca questo supplizio!». Non si trattava di una vera e propria risposta alla domanda, ma pensai che fosse meglio non puntualizzare. Commentai piuttosto che il dottore era senz'altro più in grado di noi di prendere una decisione, dato che eravamo sostanzialmente impreparati a quello che stava accadendo. Così optò per la ventosa.

Poi, d'un tratto, prima che me ne accorgessi, un uomo si palesò al mio fianco qualificandosi come medico. Ci spiegò, con tono molto tranquillo, che avrebbe premuto l'avambraccio sulla pancia di Katie e tirato fuori il nostro bambino, «un po' come si estrae un nocciolo da un'oliva». Mentre allungava la mano sulla pancia di Katie e afferrava la sbarra opposta del lettino per fare leva, ricordo benissimo di aver pensato che non ci eravamo mai soffermati su quella particolare manovra durante il corso preparto, né avevamo mai visto una procedura simile a "estrarre il nocciolo da un'oliva" in uno dei video sul parto.

Ma non riuscii a dire altro che: «Aspetti, cosa?».

Invece di rispondere, il dottore spinse forte sulla pancia di Katie. Lei obiettò con garbo che quella mossa le procurava un leggero fastidio. Se non erro, le sue esatte parole furono: «Mi tolga le mani di dosso o la uccido». Qualche istante dopo, Will reagì proprio come un nocciolo di oliva e schizzò fuori.

Avevo già sentito la domanda "aspetta, cosa?" molto tempo prima di porla io stesso nella sala parto. Keith Flavell, uno dei miei compagni di stanza al college, la ripeteva in continuazione. Da simpatico e affabile canadese quale era, Keith trovava molti dei suoi compagni, me incluso, difficili da comprendere a volte. "Aspetta, cosa?" diventò praticamente la sua risposta automatica durante le nostre chiacchierate, che di solito racchiudevano affermazioni che spaziavano dal moderatamente incredibile all'assurdo. Eppure, a quanto mi risultava, quella domanda era una sua prerogativa, un suo tratto distintivo.

Da allora ho scoperto che si tratta di un'espressione piuttosto diffusa in Canada, ma non sono stato in grado di appurare se fosse comune anche a metà degli anni Ottanta, quando io e lui eravamo al college. Anzi, non sono nemmeno riuscito a stabilire in che luogo e occasione sia stata usata per la prima volta. Per quanto ne so, Keith ha lanciato una moda internazionale.

Quando io e lui abbiamo preso strade diverse dopo il diploma, quella domanda è quasi del tutto scomparsa dalla mia vita, almeno per un po'. Katie la riproponeva di tanto in tanto, avendo preso l'abitudine da Keith, ma non ho mai sentito nessun altro utilizzarla. Poi, una decina di anni fa, nostro figlio Will ha cominciato a usare la stessa formula, a buon diritto, date le circostanze della sua nascita. E ho notato che anche i suoi amici facevano altrettanto. Dopodiché, quasi da un giorno all'altro, ovunque andassi, c'era qualcuno che adoperava quell'espressione. Ormai è un punto fermo nelle conversazioni di tutti i giorni, specialmente tra gli under trenta, benché non sia certo un'esclusiva della generazione Y.

Alcuni puristi della grammatica tradizionale potranno dolersi per la diffusione di questa domanda, magari criticando l'apparente inutilità del verbo "aspettare". Altri si spingeranno addirittura oltre e ne incrimineranno l'uso come un'ulteriore riprova dell'imbarbarimento della lingua e del declino della civiltà. Ma come si dice, chi denigra continuerà a farlo, e in questo caso gli scettici si sbagliano, perché "aspetta, cosa?" è davvero un'ottima domanda. Quest'espressione in apparenza semplice è infatti essenziale se non profonda, una volta compreso appieno come può essere impiegata.

Tanto per cominciare, è una domanda estremamente versatile, il che potrebbe in parte spiegarne la popolarità. Può essere posta in una miriade di modi diversi, a seconda delle esigenze. Un "aspetta, cosa?" scandito con chiarezza, ad esempio, può essere soltanto un sistema per chiedere a qualcuno di ripetere ciò che ha detto rielaborando un attimo, perché l'affermazione o la proposta erano inaspettati e un po' difficili da credere. Un "aspetta" prolungato seguito da un breve ma enfatizzato "cosa" è un buon metodo per esprimere pura incredulità. È un po' come chiedere con gentilezza: «Hai davvero detto quello che ho sentito?» o, «Stai scherzando?». La combinazione inversa, che prevede un breve "aspetta" seguito da un "cosa" prolungato, può essere usata nel caso in cui qualcuno vi abbia chiesto di fare qualcosa e può esprimere in maniera efficace diffidenza e scetticismo per le motivazioni che si celano dietro tale richiesta, oppure un netto rifiuto nei confronti di ciò che vi è stato chiesto.

Quest'ultima è la modalità più adoperata dai miei figli durante i nostri scambi. Di solito mi rivolgono la domanda quando arrivo al punto della conversazione in cui propongo loro di fare un paio di lavoretti in casa. Dal loro punto di vista, è come se mi sentissero dire qualcosa del tipo: «Bla, bla, bla, e poi vorrei che riordinaste la vostra stanza». E in quel preciso momento, ecco che arriva inesorabile la domanda: «Aspetta, cooosa? Per caso hai detto "riordinare"? Le nostre stanze?».

"Aspetta, cosa?" è il primo quesito essenziale dell'elenco perché è un modo efficace per sollecitare un chiarimento, che è il primo passo verso la vera comprensione di qualcosa, che si tratti di un'idea, un'opinione, una convinzione o una proposta d'affari. (Forse è meglio non utilizzare questa domanda in risposta a una proposta di matrimonio. Così, per dire.)

L'"aspetta" che precede il "cosa" potrebbe essere visto come un inutile tic retorico. Eppure ritengo che sia cruciale, perché ricorda a noi stessi (e agli altri) di rallentare per essere certi di capire sul serio. Troppo spesso non ci fermiamo a chiarire, pensando di comprendere qualcosa senza che sia davvero così. In questo modo, perdiamo l'occasione di afferrare la vera portata di un'idea, un'affermazione o un avvenimento. Chiedere "aspetta, cosa?" è un buon modo per cogliere, anziché lasciarsi sfuggire, certe opportunità.

Per farvi un esempio, anni fa, io, Katie e una coppia di amici andammo in Norvegia per effettuare delle escursioni a piedi e in kayak. Durante il nostro soggiorno, incontrammo un altro vecchio amico che lavorava come pilota nelle zone selvagge e portava i passeggeri nelle aree di campeggio più remote o a fare delle gite turistiche. Quando seppe che il giorno seguente saremmo andati a fare un'escursione vicino a un determinato fiordo, ci chiese se potevamo dare un passaggio a un suo cliente, un ragazzo giapponese di diciannove anni che voleva vedere quello stesso fiordo. Noi acconsentimmo e il giorno dopo passammo a prenderlo.

Il suo inglese era un po' stentato e il nostro giapponese inesistente, per cui fu un viaggio piuttosto silenzioso. Quando arrivammo in prossimità del fiordo, il nostro nuovo amico saltò subito giù dalla macchina ed estrasse dallo zaino la copertina di un disco. Dopodiché cominciò a correre di qua e di là, fermandosi di tanto in tanto e sollevando la copertina per poi guardare il fiordo e un'enorme montagna in lontananza. Quindi si spostò di corsa in un altro punto e si fermò di nuovo. Noi ci guardammo perplessi e intanto lo tenevamo d'occhio, senza capire bene cosa stesse accadendo e preoccupati che ci fosse qualcosa che non andava.

Quando lo raggiungemmo, notammo che la copertina del disco riportava l'immagine di un fiordo con un'enorme montagna in lontananza. Era un album di Edvard Grieg, il compositore norvegese. Finalmente ci rendemmo conto che la foto sulla copertina ritraeva proprio il posto che stavamo visitando e il nostro nuovo amico stava cercando di individuare il punto esatto da cui era stata scattata. Poco dopo ci spiegò che era una vita che sognava di visitare quel luogo e che era questo il motivo per cui aveva speso tutti i suoi risparmi per fare un viaggio in Norvegia.

Fu allora che Katie chiese: «Aspetta, cosa?». Scoprimmo così che quel giovane ragazzo era cresciuto a Tokyo in un minuscolo appartamento e aveva avuto un'infanzia difficile. La sua unica forma di evasione era ascoltare le composizioni di Grieg e sognare di visitare un giorno il luogo immortalato sulla copertina del disco. Per lui era il posto più bello del mondo. Ci volle un po' di tempo per comprendere la sua storia, ma domandando "aspetta, cosa?" Katie lo aveva invitato a spiegarsi meglio e gli aveva fatto intendere che volevamo ascoltare il suo racconto, che si rivelò davvero sorprendente.

Chiedere "aspetta, cosa?" è anche un buon modo per evitare di saltare subito alle conclusioni o esprimere giudizi avventati. Molto spesso decidiamo fin troppo presto se siamo in accordo o in disaccordo con qualcuno o qualcosa, senza compiere il minimo sforzo per comprendere sul serio la persona o la questione. Le nostre conversazioni in pubblico, soprattutto quelle che avvengono sui social media, ricordano spesso degli esercizi volti a scegliere da che parte stare e con chi. Sentiamo o leggiamo qualcosa, prendiamo una decisione su due piedi e poi bolliamo come ignoranti o malvagi coloro con cui non siamo d'accordo. Se ci ritagliassimo più tempo per capire pensieri e punti di vista, soprattutto quelli nuovi e stimolanti, potremmo essere meno arroganti e più curiosi. Quand'anche comprendere meglio un pensiero o un punto di vista non vi facesse comunque cambiare idea, può darsi che vi faccia rispettare o almeno apprezzare la persona che ha avanzato una certa opinione più di quanto sarebbe stato altrimenti.

Se non altro, capire a fondo un concetto o un ragionamento permette di elaborare un giudizio informato a riguardo. L'ho appreso osservando il giudice della Corte suprema degli Stati Uniti John Paul Stevens, che è stato tra i migliori che io abbia mai conosciuto nel porre interrogativi a livello professionale. Ho visto il giudice Stevens in azione mentre facevo da assistente all'allora presidente della Corte suprema William H. Rehnquist. Quel lavoro era un sogno per un giovane avvocato, specialmente per uno fissato con le domande, in parte perché ci era permesso assistere a tutte le udienze dibattimentali, le quali duravano un'ora (trenta minuti per ciascuna delle due parti). A eccezione del giudice Thomas, famoso per non porre quasi mai quesiti, i giudici tartassavano gli avvocati di interrogativi e spesso esponevano le proprie argomentazioni attraverso gli avvocati stessi, parlando più ai colleghi che al legale impegnato a discutere il caso dinanzi alla corte.

Questo non era lo stile del giudice Stevens. Benché non abbia mai pronunciato l'esatta domanda "aspetta, cosa?", era essenzialmente quello che spesso chiedeva agli avvocati. Usando diverse varianti dello stesso quesito, domandava loro di chiarire un passaggio chiave delle loro arringhe, e lo faceva in modo molto rispettoso e gentile. Non era per niente ampolloso o volutamente sarcastico, come alcuni suoi colleghi, il giudice Scalia in particolare. Al contrario, cominciava sempre dicendo qualcosa del tipo: «Avvocato, mi scusi se la interrompo, ma mi chiedevo se posso domandarle di chiarire un passaggio».

Quasi immancabilmente, la domanda che seguiva centrava in pieno il punto debole della tesi del legale. Imponendo all'avvocato di rallentare la propria esposizione e illustrarne un passaggio chiave (che fosse un fatto o una questione di diritto), il giudice Stevens di solito metteva in evidenza una pecca nell'argomentazione del legale, e spesso si trattava di una pecca bella grossa. Più di ogni altro suo collega, il giudice Stevens tendeva a dare una svolta al caso ponendo agli avvocati *la* domanda alla base delle loro tesi, quella a cui dovevano rispondere in maniera efficace per vincere. Se non ci riuscivano, lui era in grado di dimostrare, attraverso ulteriori quesiti, perché secondo lui una certa parte dovesse perdere la causa. Chiedendo prima un chiarimento, il giudice Stevens si metteva nella posizione di poter sostenere con forza il risultato che riteneva più consono per un determinato caso.

Il suo atteggiamento nei confronti delle domande sottolinea una verità intramontabile: conviene quasi sempre chiedere prima delucidazioni e poi esprimersi. Prima di sostenere una certa posizione, assicuratevi di domandare: «Aspetta, cosa?». In altre parole, l'inchiesta dovrebbe sempre precedere la difesa di una tesi.

Naturalmente, è più facile a dirsi che a farsi, constatazione che abbiamo potuto appurare sia io che coloro che hanno avuto la fortuna di prendere parte al seminario tenuto qualche anno fa da Rakesh Khurana. Rakesh è professore presso la Harvard Business School e al momento ricopre il ruolo di preside dell'Harvard College. Per mettere in risalto la qualità dell'insegnamento all'interno dell'università, io e i miei colleghi invitiamo ogni anno validi insegnanti provenienti dal corpo docenti di tutta Harvard perché tengano delle *lectio magistralis* presso la Graduate School of Education. Questi professori fanno dapprima lezione e poi spiegano che effetto cercavano di ottenere e perché. Con il suo seminario Rakesh ha dimostrato la propria bravura nella didattica attraverso il metodo dei casi studio, il più utilizzato di solito nelle facoltà di Economia.

Durante la lezione, ci ha presentato un caso basato sulla storia vera di Jenny, Lee e Piet: Jenny è una giovane collaboratrice di una piccola società di pubbliche relazioni e sta cercando di chiudere un accordo con un potenziale cliente, un uomo olandese di nome Piet. Jenny invita Lee, suo punto di riferimento nonché titolare della società, a un importante pranzo di lavoro con Piet, poiché Lee non lo aveva ancora conosciuto. A pranzo, Piet ribadisce svariate volte quanto sia meraviglioso lavorare con Jenny, che descrive a più riprese come una giovane donna particolarmente affascinante. Sia Lee che Jenny ignorano quei commenti e cercano di mantenere la conversazione su un piano professionale. Piet chiede se sarà Jenny in persona a lavorare al progetto e Lee risponde di sì, insieme ad altri colleghi. Verso la fine del pranzo, indicando Jenny, Piet dice a Lee che ha gradito molto mangiare insieme, perché è sempre piacevole pranzare con una bella ragazza.

La discussione che è scaturita durante il seminario si è imperniata dapprima sul dilemma di Jenny e il modo con cui avrebbe dovuto affrontare la situazione. Avrebbe dovuto far presente che i commenti di Piet erano sessisti, correndo quindi il rischio di perdere il cliente? O avrebbe dovuto restare in silenzio pur di concludere l'accordo? Il dibattito si è incentrato molto anche su Lee e sul ruolo che avrebbe dovuto giocare in quanto mentore. I partecipanti al seminario – proprio come voi in questo momento, immagino – avevano un sacco di cose da dire sul suo conto, perlopiù negative. Molti sostenevano che "lui" avrebbe dovuto difendere la propria giovane protetta, e non abbandonarla a sé stessa.

A un certo punto, facendo finta di essersi dimenticato questo dettaglio, Rakesh ha aggiunto: «Ah, scusate! Ho scordato di dirvi che Lee è una donna». Poi ha fatto una pausa mentre quel dato fondamentale, che nessuno aveva pensato di chiarire, veniva recepito. L'uditorio, me compreso, è rimasto basito e ha subito esclamato: «Aspetta, cosa?». Dopodiché siamo scoppiati a ridere imbarazzati, quando ci siamo resi conto che avevamo espresso ogni tipo di considerazione sul comportamento di Lee partendo dal presupposto condiviso che fosse un uomo, benché nel caso che ci era stato presentato non fosse mai stato specificato il suo genere.

Ecco dove Rakesh voleva andare a parare. Eravamo convinti di essere giustificati nel condannare Lee. Rakesh, invece, ci ha insegnato a non essere mai troppo sicuri e ci ha dimostrato quanto siamo inclini a esprimere ipotesi e giudizi basati su presupposti errati. Si può comunque criticare il comportamento di Lee, ma è senz'altro meglio farlo una volta che si dispone di tutti gli elementi necessari per la valutazione. È una lezione che non dimenticherò tanto presto e che anzi credo valga la pena ricordare. Soprattutto nei momenti difficili, a casa o al lavoro.

Quando dobbiamo affrontare delle conversazioni impegnative o delle situazioni ad alto impatto emotivo, è sempre complicato fermarsi e chiedersi se si dispone di tutti i dati necessari per trarre le dovute conclusioni. È facile, fin troppo facile, reagire e basta, spesso in maniera appassionata e basandosi su preconcetti anziché sui fatti. Ricordarsi di chiedere "aspetta, cosa?" è un modo per evitare di saltare troppo in fretta alle conclusioni.

Porsi questa domanda aiuta non soltanto a chiarire il proprio pensiero, ma sprona anche gli altri a fare lo stesso. Per questo motivo, ho trovato utile in quanto genitore ribaltare la situazione con i miei figli e girare a loro il quesito: «Aspettate, cosa?». I genitori all'ascolto sanno bene che a volte i ragazzi sono in grado di imbarcarsi in quelli che potremmo bonariamente definire "ragionamenti fallaci": possono sottovalutare i rischi o i costi che comporta un'avventura con gli amici senza la supervisione di un adulto; possono sottostimare la quantità di tempo necessaria per portare a termine un incarico e, quel che è peggio, possono fraintendere, per insicurezza, il proprio ruolo nel mondo e non riuscire a scorgere i loro punti di forza o il fascino che esercitano sugli altri.

Gli adulti sono soggetti ai medesimi errori. Coloro che hanno poca fiducia in sé stessi, ad esempio, elaborano sistematicamente ogni sorta di congettura fallace e deduzione sconclusionata, partendo dal presupposto di non disporre delle competenze, del carisma o del talento necessari per avere successo nella sfera professionale o affettiva. Quando i vostri figli, gli amici o altri membri della vostra famiglia si sottovalutano, porre loro una qualche variante di "aspetta, cosa?" può aiutarli a individuare i preconcetti e le deduzioni fallaci che possono quindi diventare il fulcro della conversazione. Dopodiché, si può senz'altro approfondire l'argomento con una versione della seconda domanda essenziale, ovvero "chissà perché pensi questo di te stesso?", per spronare amici o parenti a rivedere le proprie opinioni. Questi discorsi non sono sempre facili da affrontare, ma sono essenziali quanto le domande che li originano.

Infine, solo un breve cenno sui buoni ascoltatori. È utile che chi ascolta resti all'erta, pronto a cogliere una qualche versione della domanda "aspetta, cosa?". Certe osservazioni che farete susciteranno per forza resistenze e ostilità da parte di amici, familiari o colleghi. È facile, quando si è i destinatari di determinati atteggiamenti, far scoppiare una lite nel tentativo di difendere la propria posizione. Eppure, cercate di ricordare che la persona che vi oppone resistenza o vi manifesta ostilità potrebbe semplicemente avere bisogno di ulteriori spiegazioni o di comprendere meglio la logica o la motivazione che c'è dietro a quello che state dicendo.

Affrontare così le questioni è essenzialmente il corrispettivo del porre domande agli altri prima di iniziare a discuterci. Il segreto è non lasciarsi trascinare in una lite presumibilmente inutile prima di aver spiegato in modo esaustivo il proprio pensiero. Pertanto, la prossima volta che qualcuno commenta, in risposta a un vostro consiglio o una proposta «È ridicolo» oppure, «Mi sembra proprio un'idiozia», ricordatevi che forse è soltanto un modo per chiedere: «Aspetta, cosa?». Forse, sta solo cercando una spiegazione più approfondita. Magari potrà comunque non essere d'accordo con voi, ma dopo aver ascoltato a fondo il vostro chiarimento, è difficile che ritenga ridicola o stupida la vostra idea.

In poche parole, "aspetta, cosa?" è una domanda essenziale perché è alla base della comprensione, che è a sua volta fondamentale per una vita appagante e ricca di soddisfazioni, sia dal punto di vista professionale che personale. Il mondo vi sembrerà un posto migliore, se imparerete a comprendere le persone e le idee in cui vi imbattete. Abituarvi prima a capire e poi a giudicare vi aiuterà inoltre a evitare inutili conflitti e a stabilire legami più profondi con chi vi circonda. Niente male per una domanda in apparenza tanto semplice.

2

CHISSÀ...?

La saggezza popolare suggerisce che la curiosità può essere pericolosa, soprattutto per i gatti, stando a un vecchio proverbio inglese[1]. Eppure, secondo la mia esperienza, è vero il contrario.

Poco dopo esserci sposati, io e Katie abbiamo vissuto per un breve periodo nei Paesi Bassi, noti per essere pieni di canali. A me piace correre e una mattina mi sono avventurato sulla distesa erbosa di un parco a pochi chilometri da casa nostra. Avevo notato che la striscia di prato davanti a me era di un verde brillante, mentre quella su cui stavo correndo era più scura. Invece di chiedermi "chissà perché l'erba cambia colore in quel punto?", mi sono lanciato a capofitto nella corsa.

È stato solo mentre sfrecciavo oltre la sponda del canale che mi sono accorto che la striscia di "erba" verde brillante, in realtà, erano alghe. Ma ormai era troppo tardi. Un attimo dopo, mi sono ritrovato con l'acqua fino alla vita, ricoperto da una fanghiglia verdognola, a controllare di non avere ferite e a guardarmi intorno per capire se qualcuno avesse visto la scena. Di ferito avevo solo l'orgoglio. Mi sono trascinato fuori dalla melma mentre diversi spettatori gridavano qualcosa in olandese che tradotto suonava grossomodo così: «È stato da morire dal ridere. Sei corso dritto dentro il canale!». Dopodiché, per tornare a casa, ho dovuto percorrere diversi chilometri conciato in quel modo; sembravo il

1. «La curiosità uccise il gatto, ma la soddisfazione lo riportò in vita» [*N.d.T.*].

mostriciattolo verde di *Sigmund and the Sea Monsters*, una serie TV americana per bambini che andava in onda negli anni Settanta il sabato mattina.

Il che mi porta alla seconda domanda essenziale: "Chissà...?". Prima che protestiate, riconosco che, tecnicamente, non si tratta di una domanda completa. È piuttosto la prima metà di una serie di domande. "Chissà" può essere seguito, come minimo, da "perché" e "se". Il presente capitolo riguarda proprio queste due variazioni sul tema, ovvero le domande "chissà perché?" e "chissà se?".

Chiedersi "chissà perché?" permette di mantenere viva la curiosità nei confronti del mondo, che mi sarebbe tornata utile durante quella corsa nei Paesi Bassi. Chiedersi "chissà se?" permette di mantenere vivo il contatto con il mondo ed è un sistema per spronarsi a provare qualcosa di nuovo. È anche il modo in cui si inizia a pensare a come si potrebbe migliorare il pianeta, o almeno l'angolo in cui si vive. Benché diverse, queste due domande sono comunque correlate. Ad esempio, è difficile chiedersi "chissà perché?" senza anche chiedersi, prima o poi, "chissà se?". Se vi sembra tutto un po' sfuggente, rimanete sintonizzati.

Albert Einstein, in un classico esempio di finta modestia, una volta ha dichiarato: «Non ho alcun talento particolare. Sono solo appassionatamente curioso». La prima parte di questa affermazione era senz'altro falsa, mentre la seconda parte era indubbiamente vera. Einstein era appassionatamente curioso nei confronti del mondo che lo circondava, sia quello visibile che quello invisibile. «La cosa importante» sosteneva, «è non smettere mai di interrogarsi. Non perdere mai una sacra curiosità».

La curiosità parte dal quesito "chissà perché?". Quando i bambini si interfacciano con il mondo per la prima volta, è questo l'interrogativo principale che hanno in testa. "Perché?" è la loro domanda preferita e occupa una porzione spropositata delle loro conversazioni quotidiane. Ho notato che molte persone, per qualche strano motivo, tendono a diventare sempre meno curiose nei confronti del mondo, mano a mano che invecchiano. Può darsi che la loro curiosità non sia stata stimolata a sufficienza da genitori o insegnanti, che possono stufarsi di tutti quei "perché". Anche la gestione dei vari aspetti della vita può ridurre la curiosità, dato che il solo arrivare a fine giornata comporta una serie di sfide per i più grandi. A prescindere dal motivo, è eccezionale che un adulto riesca a mantenere la curiosità innata di un bambino nei confronti del mondo circostante.

Se vi impegnate a chiedere "chissà perché?", potete indurvi a restare curiosi. Anche se gli altri non sanno rispondere alla domanda o si stufano di sentirla, non dovreste mai smettere di porla. Non sto dicendo che dovreste mollare il lavoro e passare tutto il tempo a riflettere sui massimi sistemi. Dico soltanto di prendervi del tempo per guardarvi intorno; osservate le persone accanto a voi o l'ambiente fisico che vi circonda e ricordate di chiedervi: "Chissà perché?".

Quest'unica domanda è la chiave per accedere a un sacco di storie e risolvere un mucchio di misteri, grandi e piccoli. È la domanda che dà il via alla scoperta e conduce a intuizioni straordinarie. È la domanda che si sono posti e continuano a porsi gli scienziati, da Marie Curie a Stephen Hawking, a proposito del mondo circostante. È quello che i grandi artisti e gli scrittori si sono chiesti per secoli. Secondo scienziati e artisti, infatti, per non parlare dei grandi maestri e imprenditori, il mondo è pieno di enigmi in attesa di essere risolti.

Non serve essere uno scienziato o un artista di fama mondiale per rendersi conto che al mondo esistono misteri ed enigmi, e nemmeno per risolverne qualcuno. Basta guardarsi intorno e porsi delle domande. Troppo spesso consideriamo il mondo come qualcosa di statico, senza accorgerci che quello che abbiamo di fronte è il prodotto del passato, di forze non più visibili. Ovunque, intorno a noi, ci sono messaggi e indizi che attendono di essere scoperti e interpretati.

Prendete qualcosa di semplice come un muro di pietra che delimita un campo. Se avete viaggiato in zone rurali, soprattutto nel New England, avrete senz'altro visto questo tipo di muri. Alcuni delimitano la terra in cui vivo nel Massachusetts; altri attraversano il bosco dietro casa mia. Questi demarcatori silenziosi sono talmente onnipresenti che capita di non notarli nemmeno. A dire il vero, non ci avevo mai fatto troppo caso neanch'io, finché un giorno mia figlia Phebe, che all'epoca aveva otto anni, mi chiese perché ci fossero così tanti muri di pietra dove vivevamo.

Dopo aver ammesso che non ne avevo la minima idea, decisi di indagare un pochino. Saltò fuori che questi muri sono molto più interessanti di quanto possa sembrare.

Le pietre affiorarono in superficie migliaia di anni fa, quando i ghiacciai strapparono e sputarono fuori interi blocchi di granito e calcare. (D'accordo, questa parte è un po' noiosa, ma il bello viene ora.) Nel periodo coloniale e rivoluzionario, i contadini, ripulendo i propri campi, trovarono queste pietre e all'inizio le impilarono a casaccio; dopodiché, cominciarono a usarle per costruire dei muri che delimitassero le loro proprietà. Mano a mano che le famiglie del Nordest americano spostarono l'attenzione dall'agricoltura all'industria, i muri finirono nel dimenticatoio. Molti furono ricoperti dalla vegetazione durante la Rivoluzione industriale. Solo in seguito, a metà del XX secolo, vennero riscoperti e giustamente decantati sia per il loro legame con le prime fasi della storia nazionale americana, sia per l'intuito, la dedizione e la fatica che ci vollero per costruirli.

Per notare questi divisori (e comprenderli a fondo) dovete chiedere, come ha fatto Phebe: chissà perché ci sono così tanti muri di pietra? Il che porta inevitabilmente ad altre domande: chissà quanto sono vecchi? Chissà perché (e come) sono stati costruiti? Chissà perché alcuni attraversano i boschi, altri sono ormai in rovina, e altri ancora sono intatti? Quando iniziate a porvi e a rispondere a queste domande, ciò che prima era scontato diventa misterioso e quindi affascinante.

Alla fine, la mia indagine personale mi ha condotto fino a Henry David Thoreau, che è rimasto incantato dai muri di pietra vicino al lago Walden, nei pressi della cittadina di Concord, non lontano da casa mia. Nel 1850, Thoreau annotava sul suo diario: «Non siamo mai pronti a credere che i nostri predecessori abbiano sollevato enormi macigni o costruito muri massicci. Come può il loro lavoro essere così visibile e permanente, se loro stessi sono così transitori? Quando vedo, lungo una sponda, un muro di pietre che devono avere richiesto lo sforzo di molti buoi per essere spostate... sono stranamente sorpreso, perché tutto ciò rivela un'energia e una forza di cui non abbiamo alcuna memoria». Partendo da dei muri perlopiù invisibili, siamo passati a una lezione di storia locale e poi a una serie di domande esistenziali avanzate da Thoreau, il che ha fatto sentire me e Phebe più in sintonia con il mondo intorno a noi; ed è iniziato tutto con la domanda "chissà perché?".

Un muro su un terreno è soltanto un esempio, ma ovunque volgiate lo sguardo, se vi prendete davvero il tempo per guardare, ci sono delle storie. Strade, edifici, stelle, alberi, treni, imbarcazioni, animali: hanno tutti un passato e una storia da raccontare. Questo vale soprattutto per le persone intorno a voi, che siano sedute nel posto accanto al vostro in un'aula universitaria o in un ufficio. Ciascuno ha la propria storia, unica nel suo genere. Per ascoltare questi racconti e per comprendere il mondo che vi circonda, dalle credenze e i valori di una certa comunità alle esperienze delle persone che la compongono, dovete semplicemente prendervi il tempo di osservare e chiedervi "chissà perché?".

Apprendere queste storie arricchirà inevitabilmente la vostra vita. Potrebbe addirittura allungarla. A quanto pare, la curiosità comporta un'esistenza sana e felice, come hanno documentato dozzine di sociologi. Non sorprende che la gente curiosa sia più portata per l'apprendimento e più incline a ricordare un maggior numero di cose, tra quelle che impara; inoltre di solito esercita più fascino sugli altri, dal momento che le persone sono attratte da chi manifesta interesse nei loro confronti. La curiosità conduce anche all'empatia, una capacità che sembra scarseggiare al giorno d'oggi. La gente curiosa comunemente gode di maggiore salute e nello specifico soffre meno d'ansia, poiché vede le situazioni nuove come opportunità di apprendimento, piuttosto che occasioni per rendersi conto di non sapere abbastanza. Secondo alcuni studi, chi è curioso ha anche maggiori probabilità di vivere più a lungo, forse perché è più in sintonia con il mondo circostante.

Proprio come chiedersi "chissà perché?" alimenta la curiosità nei confronti del mondo, domandarsi "chissà se?" aiuta a mantenere vivo il contatto con il mondo. Quasi ogni avventura in cui mi sono imbarcato e ogni nuova esperienza io abbia intrapreso è iniziata con la domanda "chissà se potrei farlo?". La risposta non è stata sempre la stessa.

Mi sono chiesto: "chissà se potrei fare canottaggio al college?" (No: come ricorderete, ero troppo basso); "chissà se potrei entrare a far parte di un gruppo a cappella?" (No, perché a quanto pare bisogna saper cantare); "chissà se invece potrei giocare a rugby?" (Sì, dato che l'altezza e le abilità canore non contano un granché); "chissà se dopo il college potrei mantenermi per sei mesi in Australia lavorando come netturbino?" (Non proprio: dopo aver trovato un gatto morto in un bidone dell'immondizia, ho capito che avevo chiuso); "chissà se potrei fare bungee jumping?" (Sì, ma una volta e mai più); "chissà se potrei imparare a giocare a hockey su ghiaccio da adulto?" (Non bene, secondo i miei figli e i miei compagni di squadra); "chissà se potrei imparare a fare giocoleria?" (Sì, perché non è poi così difficile). Poi, cinque anni fa, mi sono chiesto: "chissà se potrei imparare a fare surf?" (Più o meno, è stato il verdetto dei miei figli); infine mi sono chiesto: "chissà se potrei imparare a suonare il pianoforte?" (No, a meno che strimpellare il motivetto di *Mary had a little lamb* non conti qualcosa; secondo Katie, no). Questo elenco dimostra che non tutte le novità che proviamo vanno per forza a buon fine, proprio come ci si aspetterebbe. Ma se continuiamo a chiederci "chissà se potrei farlo?", siamo destinati a trovare cose che ci piace fare.

Benché la domanda "chissà se?" sia valida a prescindere da tutto il resto, è anche strettamente legata alla domanda "chissà perché?". Quando si comincia a chiedere "chissà perché?" e si ottiene una risposta deludente, è inevitabile finire per chiedersi "chissà se le cose potrebbero andare diversamente?". Posta in altri termini, chiedersi "chissà perché?" riguardo al presente fa sorgere in maniera spontanea la domanda "chissà se?" riguardo al futuro.

Prendiamo ad esempio un problema sociale come quello della segregazione scolastica, tema che ho studiato in quanto professore di diritto. Da un certo punto di vista, può sembrare un fenomeno legato al passato. Se intendiamo la segregazione scolastica come un sistema in cui gli studenti sono tenuti per legge a frequentare una scuola piuttosto che un'altra in base alla razza, allora in effetti quel sistema è morto. È stato bollato come incostituzionale dalla sentenza *Brown v. Board of Education* del 1954. Eppure, la segregazione ammessa dalla legge è solo una delle possibili forme di segregazione scolastica. Ne esiste un'altra, talvolta definita segregazione *de facto* (termine legale per la segregazione "effettiva"), che non si verifica perché prevista dalla legge, ma è causata piuttosto da una serie di altri fattori. Questo tipo di segregazione esiste tuttora.

In effetti, nell'ultima ventina di anni, la segregazione *de facto* ha continuato a prosperare. Le nostre scuole sono sempre più divise in base alla razza e allo status socioeconomico. La domanda sorge spontanea: perché? Per fortuna, una serie di professionisti e studiosi straordinari si sono posti la stessa domanda e le risposte che hanno trovato sono piuttosto inequivocabili. I decreti per la desegregazione, che sin dall'inizio avrebbero dovuto essere solo una misura temporanea, vengono revocati da parte delle autorità giudiziarie, per cui i programmi di integrazione scolastica vengono smantellati; la segregazione persiste in certe aree urbane, perciò le scuole di quartiere restano isolate; inoltre, le *charter school*[2], che ricevono finanziamenti sia pubblici che privati, tendono a concentrarsi sull'offrire

2. Nel sistema scolastico statunitense, le *charter school* sono scuole sovvenzionate da fondi sia pubblici che privati. Operano prevalentemente in quartieri difficili, garantendo ottimi livelli di istruzione [*N.d.R.*].

un servizio ai poveri studenti di colore e non sul promuovere l'integrazione nelle scuole.

Quando questi professionisti hanno iniziato a porsi e rispondere alla domanda "chissà perché?", inevitabilmente hanno anche cominciato a chiedersi "chissà se?". Chissà se potremmo promuovere una maggiore integrazione nei quartieri? Chissà se potremmo offrire agli studenti la possibilità di frequentare delle scuole al di fuori dei loro sobborghi segregati? Chissà se almeno qualche *charter school* potrebbe concentrarsi sulla diversità come parte integrante del proprio obiettivo? E così, attraverso queste domande, i professionisti hanno puntato i riflettori sul problema della segregazione, riuscendo persino ad attirare l'attenzione del segretario dell'Istruzione degli Stati Uniti John King, che ha fatto di integrazione scolastica e diversità due elementi chiave del proprio programma politico.

Ciò non significa, naturalmente, che il cambiamento sarà automatico. C'è ancora molta strada da percorrere prima che l'integrazione scolastica diventi la prassi piuttosto che l'eccezione. Ma se queste persone non si fossero chieste "chissà perché?" e "chissà se?" e avessero accettato lo *status quo* come inevitabile, difficilmente il segretario King avrebbe fatto diventare l'integrazione scolastica una priorità per il governo federale.

La lezione che traggo da questo e altri esempi è che vale la pena mettere in discussione persino i dati di fatto apparentemente più immutabili che la vita ci propone. Talvolta, le più gravi ingiustizie e disuguaglianze sembrano così insormontabili che pare addirittura inutile chiedersi perché persistano. Alcuni ad esempio la pensano così a proposito della segregazione scolastica. Eppure, gran parte di ciò che vediamo intorno a noi non è immune al cambiamento o al miglioramento. E il primissimo passo per modificare ciò che si vede è chiedersi "chissà perché?" e far seguire a questa un'altra domanda: "Chissà se?".

Questi due interrogativi, correlati tra loro, sono utili tanto nella vita privata quanto in quella professionale. L'ho capito grazie a un'esperienza in particolare, che può servire sia da monito che da conferma dell'importanza di chiedersi "chissà...?".

Incontrai per la prima volta la mia madre biologica in un'area di servizio lungo la Garden State Parkway, nel New Jersey. Allora avevo 46 anni. Ho sempre saputo di essere stato adottato. Non ricordo il momento preciso in cui ho appreso questo fatto, così come non ricordo il momento in cui ho scoperto di chiamarmi Jim, o Jimbo, come mi chiamavano da piccolo. Non rammento nemmeno di aver mai provato rancore nei confronti della mia madre biologica o di essermi sentito abbandonato, in parte perché i miei genitori hanno sempre fatto sembrare l'adozione una cosa speciale.

Anche aver avuto un'infanzia felice ha senz'altro aiutato. I miei genitori non erano perfetti, ma ci andavano parecchio vicino, o almeno a me sembrava così. Non avevamo tanti soldi, ma ho avuto tutto ciò che mi sembrava indispensabile per trascorrere un'infanzia serena: una bicicletta, un guantone da baseball, un paio di scarpe con i tacchetti e uno da ginnastica, degli amici nel vicinato, una settimana di vacanza all'anno sulla Jersey Shore, due genitori che hanno dedicato la loro vita alla famiglia e una sorella che mi sopportava il più delle volte.

Forse è per via di tutto questo che non sono mai stato particolarmente curioso nei confronti dei miei genitori biologici. Sono stato adottato tramite un'agenzia cattolica con una procedura che non prevedeva alcun contatto con la famiglia di origine. Quel poco che sapevo dipendeva da una storia che mia madre raccontava ogni tanto su come lei e mio padre un giorno avessero ricevuto una telefonata che li avvertiva che c'era un bambino "pronto" per loro, per cui entro un paio di giorni si sarebbero dovuti recare in un ospedale a Elizabeth, nel New Jersey. Quando una suora mi portò nella stanza in cui i miei genitori mi stavano aspettando, indossavo un maglioncino fatto a mano e una catenina con la medaglietta di san Cristoforo, il protettore dei viaggiatori. Mia madre chiese alla suora da dove venissero il maglione e la medaglietta, al che la suora scoppiò in lacrime (così come mia madre, che raccontava la storia) e rispose: «Non posso dirvelo. Posso solo assicurarvi che glieli ha dati qualcuno che gli vuole molto bene».

Penserete che questa storia possa aver stuzzicato la mia curiosità, ma non fu così. Rafforzò perlopiù un vago senso di gratitudine. Immaginavo che non fosse stato facile dare un bambino in adozione, ed ero grato per quel sacrificio. Ma non ero molto interessato a saperne di più sui miei genitori biologici, perché avevo già quella che per me era una famiglia completa. Credevo anche di sapere come fosse andata la vicenda. Immaginavo che i miei genitori biologici fossero adolescenti, magari due piccioncini alle superiori che avevano deciso di essere troppo giovani per crescere un figlio. Per cui supponevo che la mia madre biologica avesse portato a termine la gravidanza, mi avesse dato in adozione e poi fosse andata avanti con la sua vita. Questa è la classica storia che si nasconde dietro un'adozione, e io pensavo semplicemente di rientrare nello schema. Pertanto, non mi sono mai davvero chiesto "chissà perché sono stato adottato?", né mi sono domandato "chissà se potrò mai rintracciare i miei genitori biologici?", benché i miei genitori (adottivi) mi abbiano sempre detto che avrebbero cercato di aiutarmi, se avessi mai voluto ritrovare la mia famiglia di origine[3].

Ora facciamo un salto nel tempo fino al 2012. A quel punto, i miei genitori erano morti, entrambi fin troppo giovani. Io e Katie avevamo una famiglia tutta nostra. Con la nascita di ciascuno dei nostri quattro figli, era cresciuta in me un po' di curiosità nei confronti dei miei genitori biologici. Dal momento che nessuno dei bambini era tale e quale a me o Katie, mi chiedevo se magari potessero

3. Perdonate la nota a piè di pagina in questo punto, ma per non creare confusione, forse dovrei mettere in chiaro che se parlo dei miei genitori, di mia madre o di mio padre senza alcuna precisazione, mi riferisco ai genitori adottivi. Userò l'aggettivo apposito solo quando, nella frase o nel paragrafo, non dovesse essere chiaro a chi mi riferisca.

essere la copia spiccicata di qualche parente sconosciuto. Ma nello scompiglio di una famiglia al completo, quei pensieri svanirono in fretta.

Poi un giorno, diversi anni fa, andai a correre con un caro amico che è nato in Corea, ma all'età di sette anni si era trasferito con la madre e il fratello negli Stati Uniti. Lui stava cercando di rintracciare il padre e mi consigliò di provare a cercare i miei genitori biologici. Gli spiegai che non mi interessava, ma lui insistette. Per farlo contento, gli promisi che avrei dato un'occhiata.

Quando tornai a casa dalla corsa, andai su Internet e, nel giro di un'ora, scoprii che le agenzie di adozione nel New Jersey rilasciano "informazioni non identificative" riguardanti le varie pratiche, il che significa che condividono tutti i dettagli in loro possesso tranne i cognomi. Individuai la filiale che aveva gestito la mia adozione, mandai un'email per chiedere conferma della loro policy e sapere se avevano ancora i miei dati. «Sì, proprio qui nei nostri archivi» fu la risposta. "E chi si aspettava che fosse così semplice?" pensai mentre spedivo l'assegno per ricevere la mia documentazione.

Due mesi dopo arrivò per posta una lettera di tre pagine in cui era descritta la storia della mia famiglia e le circostanze della mia adozione, desunte dalle relazioni presenti nel mio fascicolo. La vicenda era molto diversa da come me l'ero immaginata. La lettera riportava i nomi di battesimo dei miei genitori biologici, la storia dei loro genitori e fratelli e un resoconto dettagliato delle circostanze relative alla mia adozione. Sembrava la bozza di un romanzo su degli immigrati irlandesi, ambientato verso la fine del XIX secolo.

La mia madre biologica, che chiamerò Geraldine, era nata e cresciuta in Irlanda. Da adulta, aveva seguito il fratello negli Stati Uniti e aveva trovato lavoro presso una famiglia benestante di New York. Lì conobbe e si innamorò di un barista irlandese («il che spiega molte cose» avrebbe commentato Katie in seguito). Quando Geraldine disse al mio padre biologico di essere rimasta incinta, lui le confessò di essere già sposato con tre figli e aggiunse che, in quanto cattolico, non poteva prendere in considerazione il divorzio. (A quanto pareva, poteva invece prendere in considerazione l'adulterio. Così, per dire.) Geraldine troncò ogni rapporto con lui e si trasferì dall'altra parte del fiume a Elizabeth, nel New Jersey, in una casa di accoglienza per future mamme *single*.

Geraldine passava le giornate a lavorare a maglia (preparava il maglione!) e a parlare con le suore di come avrebbe potuto mantenermi. «Piangeva ogni volta che si tirava in ballo il discorso dell'adozione» riportava la lettera. Ma poi alla fine si convinse che non poteva permettersi di crescere un figlio da sola; inoltre pensava che avrei avuto bisogno di un padre. Restò con me in ospedale per nove giorni, proprio fino al momento dell'adozione. L'ultima riga della lettera riferiva: «Lasciò l'ospedale con il cuore spezzato».

Ero allibito. Quel documento rispondeva a domande che non avevo neanche mai pensato di fare, come ad esempio:

“Avevo un nome durante i miei primi nove giorni di vita?”. (Sì, a quanto pare: mi chiamavo Michael Joseph, in onore dei miei nonni materni.) Passai la lettera a Katie, che cominciò a piangere mentre leggeva. Quando arrivò all’ultima riga, mi guardò e disse: «Devi trovare Geraldine. Devi farle sapere che è andato tutto bene».

Due giorni dopo, ricevetti una telefonata dalla referente dell’agenzia di adozioni, che chiamerò Barb. Barb aveva stilato la lettera basandosi sui dati presenti nel mio fascicolo. «Jim» esordì con un inconfondibile accento del New Jersey, «faccio questo lavoro da venticinque anni e te lo devo dire: non mi è mai capitata per le mani una storia come questa. Mi sono commossa, Jim. Hai capito cosa ho detto? Mi sono proprio commossa». Poi aggiunse che non poteva dirmi di provare a cercare Geraldine, perché sarebbe costato altri soldi. «Ma Jim» proseguì, «scommetto che si farà delle domande sul tuo conto, no?».

Quello era un altro pensiero – mi vergogno ad ammetterlo – che non mi aveva mai sfiorato, cioè che la mia madre biologica potesse farsi delle domande su di me.

Spedii un altro assegno e aspettai. Io e Barb ipotizzammo che Geraldine potesse essere tornata in Irlanda. Prendemmo anche in considerazione il fatto che potesse essere deceduta. Passarono i mesi e io non seppi più nulla. Nel frattempo, di punto in bianco, fui contattato per diventare preside della School of Education di Harvard. Quell’iter mi mise parecchio in agitazione e si concluse con una telefonata alle cinque in punto di un giovedì pomeriggio del giugno 2013. Era Drew Faust, la presidente della Harvard University, e chiamava per offrirmi il lavoro.

Al solo pensiero di sradicare la mia famiglia e trasferirci tutti dalla Virginia al Massachusetts, mi girava la testa. Il mattino seguente, per poco non mi esplose quando squillò il telefono. Era Barb. «Jim» disse, «sei seduto, Jim?».

«No» risposi.

«Siediti» mi intimò. «L'abbiamo trovata». Dato che avevo ancora in mente la telefonata con la presidente Faust la sera prima, per una frazione di secondo pensai che Barb stesse per rivelarmi: «Jim, tua madre è Drew Faust». Ma non fu quello che disse. Descrisse piuttosto come avevano fatto a rintracciare Geraldine e come lei aveva reagito alla notizia. Quando Barb l'aveva contattata, dicendo che un "parente" la stava cercando, lei e suo marito si erano recati a Elizabeth, nell'ufficio dell'agenzia. Geraldine aveva pianto nel sapere che mi avevano trovato e aveva spiegato a Barb di avere pregato per me ogni giorno, da quando ero nato. «E sai qual era la sua preghiera?» mi chiese Barb. «Pregava ogni giorno perché vi ritrovaste in paradiso».

A quanto pareva, Geraldine non era tornata in Irlanda. Aveva conosciuto e sposato un uomo meraviglioso che chiamerò Joe, avevano avuto altri quattro figli e si erano trasferiti nel New Jersey. Lei e la sua famiglia vivevano a quindici minuti di distanza da dove ero cresciuto! I suoi figli erano andati nelle stesse scuole cattoliche che avevano frequentato alcuni miei amici. Le nostre strade si erano probabilmente incrociate qualche volta nel corso della mia infanzia.

Alcuni giorni dopo, io e Geraldine ci sentimmo al telefono. Parlai inizialmente con suo marito e prima che potesse dire una sola parola, blaterai qualcosa del tipo: «Non sono pazzo. Non sono in cerca di soldi. Non sono bisognoso d'affetto. Almeno, non di solito. Volevo solo dire grazie e far sapere a Geraldine che è andato tutto bene e che sono felice». Lo sentii sorridere all'altro capo del telefono e rispose soltanto che «lei aspettava da tempo questo momento, Jim. Ed è la donna più straordinaria che io abbia mai conosciuto». Quando io e Geraldine finalmente ci parlammo, la conversazione fu surreale e al tempo stesso del tutto spontanea. Aveva ancora una cadenza irlandese. Chiese di Katie e dei nostri figli. Poi mi chiese di me, con una certa titubanza. Concordammo di sentirci qualche altra volta per parlare e poi, alla fine, decidemmo di incontrarci.

Per comodità, scegliemmo un'area di servizio lungo la Garden State Parkway perché, be', è il punto d'incontro che sarebbe venuto in mente a chiunque venisse dal New Jersey. Quella mattina io e la mia famiglia uscimmo per l'ultima volta dalla nostra casa in Virginia (l'unica in cui i nostri figli avessero mai vissuto), diretti verso una nuova casa nel Massachusetts. I nostri figli erano sconvolti per il trasloco. Non avevano prestato molta attenzione alla faccenda di Geraldine, in parte perché erano preoccupati per il cambiamento in atto e in parte perché adoravano mia madre (la loro nonna), che era scomparsa qualche anno prima. Quando videro Geraldine, però, restarono di stucco e cominciarono ad alternare lo sguardo tra me e lei.

Geraldine è alta a malapena un metro e cinquanta, piuttosto arzilla e sembra me con la parrucca. La nostra somiglianza è innegabile e sconcertante. Nel giro di qualche secondo, i miei figli capirono di essere coinvolti nell'intera vicenda, perché riconobbero una parte di sé stessi in quella perfetta sconosciuta seduta nel punto ristoro dell'area di servizio, proprio di fronte al Dunkin' Donuts. Restammo lì due ore a parlare, a guardare delle foto e a tenerci per mano. Quando ci salutammo, Geraldine consegnò ai miei figli delle buste con i loro nomi scritti sopra. Nel bigliettino dentro ogni busta c'era una banconota da venti dollari, che lei suggerì che usassero per comprarsi il gelato quell'estate.

In seguito conobbi anche i miei quattro fratellastri e sorellastre, uno dei quali avrebbe potuto essere il mio gemello, e ora mi sento con Geraldine ogni due settimane circa. È un rapporto totalmente e sorprendentemente privo di complicazioni, e lei non si fa il minimo problema a dirmi che potrei chiamare più spesso. È impossibile non volerle bene. Ha il sorriso e la risata facile, è gentile e sempre premurosa, è presente e amorevole senza essere asfissiante.

Se non mi fossi mai preso la briga di chiedermi "chissà perché sono stato adottato?" e poi "chissà se potrei trovare la mia madre biologica?", non avrei mai conosciuto Geraldine e la sua famiglia. Dire che la mia vita è più ricca perché mi sono posto quelle domande sarebbe un eufemismo. E pensare che credevo di conoscere già la sua storia; con il senno di poi, mi pare davvero ridicolo. Quanto mi sbagliassi esattamente mi fu chiaro il giorno in cui Geraldine mi presentò agli altri suoi figli, che hanno tutti più o meno la mia età. Entrammo in casa di sua figlia e Geraldine mi prese per mano e non mi lasciò andare finché non mi ebbe fatto conoscere tutti. Poi si voltò e con dolcezza, senza alcuna domanda o esitazione, mi sistemò il colletto. Fu allora che capii: anche se non sarebbe mai stata mia "madre", nel senso che nessuno avrebbe mai potuto prendere il posto della mia mamma adottiva, per Geraldine io ero e sarei sempre stato suo figlio.

Questa, naturalmente, non è una storia che parla di cambiare il mondo, eppure ha cambiato il mio, di mondo, e in modo sorprendente e significativo. Il che mi porta all'ultima considerazione riguardo al chiedersi "chissà perché?" e "chissà se?": si tratta di domande utili da porre non solo a proposito del mondo circostante, ma anche di voi stessi. Qui non sto cercando di smerciare un programma di autoaiuto e neanche di promuovere l'autocontemplazione, ma credo sia sano e costruttivo mantenersi curiosi nei confronti di sé stessi. Perché avete certe abitudini? Perché vi piacciono determinati luoghi, cibi, eventi e persone? E se ce ne fossero altri che potrebbero piacervi allo stesso modo, se deste loro una possibilità? Perché le nuove esperienze vi mettono in agitazione? Perché siete silenziosi durante le riunioni o timidi alle feste? Perché vi distraete facilmente? Perché a volte perdete la pazienza con alcuni membri della vostra famiglia? E se provaste a modificare gli aspetti di voi stessi che vorreste davvero cambiare? O se in alternativa, cosa non meno importante, accettaste semplicemente quegli aspetti come parte di ciò che siete?

In conclusione, la domanda "chissà perché?" è essenziale in quanto sta alla base della curiosità, per cui porsi tale quesito è un modo per mantenere vivo l'interesse nei confronti del mondo che vi circonda e del posto che occupate in esso. Chiedersi "chissà se?" è altrettanto essenziale, perché è un metodo per mantenere vivo il contatto con il mondo e iniziare a pensare a dei sistemi per migliorare il proprio angolo di pianeta. Se evitate di porvi queste domande, rischiate di perdervi gioie e possibilità di cui ignorate persino l'esistenza e che talvolta, come nel caso di Geraldine, sono più vicine di quanto potreste immaginare.

3

NON POTREMMO ALMENO...?

La terza domanda essenziale ha portato alla mia quarta (e altrettanto essenziale) figlia, Phebe. Mi rendo conto che potrebbe sembrare difficile da credere, ma è la pura verità.

Io e Katie avevamo deciso di avere tre figli, poi lei ha cambiato idea. Dopo la nascita del nostro terzo bimbo, Ben, Katie ha iniziato a dire che la nostra famiglia non le sembrava completa. Nell'arco di un intero anno, ogni volta che lo diceva pensavo onestamente che scherzasse. A nessun osservatore imparziale che avesse visto i nostri tre pargoli in azione sarebbe mai venuto in mente che la nostra famiglia potesse essere incompleta.

Un anno dopo, mentre Katie continuava ad avanzare questa considerazione, mi resi finalmente conto che non stava scherzando. Le domandai se fosse perché avevamo soltanto maschi e volesse una femmina. Sapevo che sperava di poter usare il nome Phebe, insolito spelling di Phoebe che risale a una sua lontana parente accusata e poi assolta durante i processi alle streghe di Salem. Ma non era quello il motivo, diceva Katie. Il sesso del quarto figlio le era indifferente, anzi, per certi versi, pensava sarebbe stato meglio un maschio, dato che avevamo già i vestiti adatti e tutto il resto. È solo che sentiva che nella nostra famiglia c'era proprio bisogno di un altro bambino.

Io continuavo a pensare che fosse una follia, in parte perché Ben era il più semplice da gestire dei nostri figli, e mi sembrava sensato smettere finché riuscivamo a cavarcela. Per scoraggiare una discussione seria sull'argomento mi riproposi di aspettare un momento di massimo caos in casa nostra, ovvero un sabato mattina alle sette in cui tutti e tre i ragazzi erano svegli, due erano in crisi nera e il terzo non si trovava da nessuna parte. Al che commentai: «Sai cosa completerebbe questo bel quadretto? Un neonato!».

Questa mossa mi fece guadagnare un altro anno. Katie, tuttavia, non si dava per vinta. Ma eravamo palesemente giunti a una situazione di stallo, perché lei aveva preso una decisione, e io pure. Poi sfoderò la domanda perfetta: «Non potremmo almeno parlarne e valutare cosa vorrebbe dire per la nostra famiglia?». Così ne discutemmo e poi ne parlammo ancora un po'. E solo due brevi anni più tardi finalmente mi decisi. Poco più di nove mesi dopo, anche Phebe si decise. Katie aveva ragione. Non potrei immaginare la nostra famiglia senza Phebe. Era davvero incompleta senza di lei.

Come la seconda domanda essenziale, anche "non potremmo almeno...?" è il perno di una serie di quesiti, piuttosto che una domanda specifica e compiuta. A prescindere dalla varietà di modi in cui tale interrogativo può essere formulato, di base, chiedere "non potremmo almeno...?" è un buon metodo per superare le situazioni di stallo. È uno stratagemma per oltrepassare le divergenze e stabilire un'intesa, come avviene con la frase: "Non potremmo almeno concordare su...?". È anche un sistema per mettersi in marcia, benché non si sappia con certezza dove si andrà a finire, come nella frase: "Non potremmo almeno iniziare a...?". Indipendentemente dalla forma specifica, porre delle domande che cominciano con “non potremmo almeno...?” serve a compiere dei progressi.

Iniziare chiedendo “non potremmo almeno...?” è un espediente per trovare un punto d’incontro. Il segreto per mantenere delle relazioni sane e costruttive è raggiungere un’intesa, che sia in politica, negli affari, all’interno di un matrimonio o tra amici. Chiedere “non potremmo almeno concordare su...?”, soprattutto nel bel mezzo di una lite, è un buon metodo per prendersi una pausa, fare un passo indietro e cercare qualche punto di contatto. Dopo aver fatto un passo indietro e aver trovato un accordo, potreste disporre proprio di ciò che vi serve per fare due passi avanti, che è esattamente come spesso funziona il progresso: un passo indietro e due avanti.

Cercare un punto d’incontro è importante soprattutto al giorno d’oggi. L’esplosione di informazioni fornite da Internet e dai social media dovrebbe in teoria aiutarci a entrare in contatto e farci appassionare a idee, fatti e convinzioni che mettono alla prova la nostra visione, il che dovrebbe a sua volta contribuire a moderare le nostre posizioni e farci mantenere aperta la mente. In realtà, succede l’esatto contrario.

Degli studi sui social media, e su Facebook in particolare, dimostrano che stiamo creando delle comunità virtuali chiuse in cui persone che la pensano allo stesso modo condividono soltanto informazioni che confermano le proprie convinzioni. Nel frattempo, i media tradizionali assecondano sempre di più i vari segmenti della popolazione, per cui i conservatori guardano Fox News, mentre i liberali il canale MSNBC. Entrambi i gruppi trovano conferma dei loro pareri preesistenti. I nostri mondi virtuali stanno diventando talmente segmentati che possiamo addirittura scegliere tra diverse emittenti che trasmettono lo stesso evento sportivo: quella che sostiene la squadra locale e quella che sostiene la squadra ospite. Possiamo scegliere sempre più spesso di vedere soltanto quello che vogliamo vedere.

Tutto questo è inopportuno e pericoloso, per via di un fenomeno che i sociologi chiamano "polarizzazione di gruppo". Quando persone che la pensano allo stesso modo si riuniscono online o nella vita reale, tendono a corroborare ciascuno l'opinione dell'altro. Pertanto non solo rafforzano reciprocamente le proprie convinzioni, ma spesso si fomentano a vicenda, in maniera più o meno intenzionale, ad assumere posizioni sempre più estreme. Se ad esempio non vi piacciono i New York Yankees e frequentate solo persone altrettanto sconsiderate, è probabile che vi convinciate sempre di più del fatto che gli Yankees siano una pessima squadra moralmente corrotta. Anzi, è probabile che questa sensazione si esasperi e cominciate a ritenerli un'orribile piaga che affligge il nostro sport nazionale. L'ho visto accadere al Fenway Park, lo stadio di Boston, e in quanto fan degli Yankees posso assicurarvi che non è stato piacevole.

Chiedere "non potremmo almeno essere d'accordo su...?" è un modo per respingere polarizzazioni ed estremismi, poiché è un invito a cercare qualche punto d'intesa. Se si riesce a trovare un terreno comune con gli altri, soprattutto quelli con opinioni diverse dalle nostre, è più facile vedere il mondo come un luogo ricco di sfumature. O, se non altro, si è meno portati a demonizzare coloro con cui non si è d'accordo. Prendiamo di nuovo i Red Sox e gli Yankees. Derek Jeter, capitano degli Yankees, si è da poco ritirato dal baseball; era un vero fuoriclasse e una persona ammirevole sia dentro che fuori dal campo. David Ortiz, dei Red Sox, si è ritirato alla fine della stagione 2016. Soprannominato "Big Papi", anche lui era un ottimo giocatore, molto apprezzato, e a ragion veduta. Per trovare un punto d'incontro tra i tifosi degli Yankees e dei Red Sox, di solito basta tirare in ballo questi due atleti, dal momento che i sostenitori di entrambe le fazioni contrapposte spesso stimano sia Jeter che Big Papi. Non appena i due vengono nominati, si smorzano i toni di qualunque diverbio.

La domanda "non potremmo almeno essere d'accordo su...?" si adatta benissimo sia al baseball che alle diatribe sulla Costituzione, come dimostrò Doug Kendall, mio amico e coinquilino all'università. Per decenni, liberali e conservatori hanno dissentito sull'interpretazione della Costituzione. I conservatori ritenevano che i giudici dovessero seguire l'intento originale di questa legge suprema, per cui qualunque significato i legislatori le avessero voluto attribuire secoli fa è lo stesso che dovrebbe avere tuttora. Poiché questo approccio sembrava precludere la possibilità che la Costituzione si adattasse al passare del tempo, i liberali lo respinsero, caldeggiando piuttosto una "Costituzione vivente" che potesse essere aggiornata dai giudici per adeguarsi ai tempi che cambiano. I conservatori criticavano il concetto di Costituzione vivente perché secondo loro concedeva troppa discrezionalità ai giudici, mentre i liberali biasimavano l'approccio basato sull'intento originale perché costringeva i giudici in una camicia di forza vecchia di centinaia di anni.

Doug percepiva dei difetti evidenti in entrambe le posizioni, ma intravide anche uno spiraglio per avanzare il proprio parere. Mise alla prova la visione liberale chiedendo: «Non potremmo almeno concordare sul fatto che dovremmo avere tutti a cuore il vero significato delle parole presenti nella Costituzione?». Poi mise alla prova la visione conservatrice chiedendo: «Non potremmo almeno concordare sul fatto che un sacco di disposizioni importanti della Costituzione hanno una forma aperta e sanciscono dei principi generali piuttosto che delle regole specifiche e concrete? E non potremmo almeno concordare sul fatto che l'applicazione di tali principi generali potrebbe cambiare nel tempo così come cambiano circostanze, fatti e valori?». Se ad esempio adottaste il principio generale di consumare soltanto cibi sani, vi comportereste coerentemente se cambiaste la vostra alimentazione nel tempo, mano a mano che la scienza alimentare rivela che alcuni cibi che ritenevate salutari non lo sono e viceversa. Doug sosteneva che la Costituzione funzionasse allo stesso modo e che si potesse senz'altro restare fedeli ai suoi principi anche se la loro applicazione si evolveva nel tempo, alla luce di nuovi fatti.

Per promuovere tale approccio alla Costituzione, Doug istituì il *Constitutional Accountability Center* (CAC), un gruppo di interesse pubblico con base a Washington D.C. che prendeva parte ai casi, stilava rapporti sul significato originale delle disposizioni chiave presenti nella Costituzione e venne sempre più coinvolto negli impegni giudiziari. In un lasso di tempo relativamente breve, grazie a Doug e ai suoi colleghi, il CAC si impose come una delle voci più autorevoli nei dibattiti sulla Costituzione e, nel mentre, contribuì a modificare il dibattito stesso su questa legge suprema. Gli avvocati e i giudici liberali ora dimostrano molto più interesse nei confronti del significato originale della Costituzione e i colleghi conservatori si uniscono a loro in una sana disquisizione su tale significato. Più in generale, c'è una maggiore consapevolezza del fatto che la Costituzione – così com'è stata emendata nell'arco di due secoli – è di per sé un documento che si è evoluto per delineare e sancire i principi di uguaglianza e libertà. Nel frattempo, durante questo percorso, Doug si è guadagnato il rispetto e l'ammirazione sia degli avvocati liberali che dei conservatori.

Senza ombra di dubbio, la sua mossa era in parte strategica. Doug era infatti convinto che se i liberali avessero affrontato i conservatori sul piano del vero significato del linguaggio usato nella Costituzione, avrebbero spesso prevalso. In tal senso, chiedere "non potremmo almeno concordare su...?" era sia un invito a trovare un punto d'incontro che il primo passo nello sforzo di vincere una battaglia più ampia sul significato della Costituzione. Per certi versi, l'approccio di Doug era simile a quello adottato da Katie quando mi aveva chiesto se potevamo almeno valutare cosa avrebbe voluto dire avere un quarto figlio. Sia Doug che Katie credevano che trovare un terreno comune fosse il primo passo per convincere gli altri del proprio punto di vista, ed entrambi erano estremamente efficaci nel farlo.

Chiedere "non potremmo almeno concordare su...?" non risolverà qualunque divergenza, è evidente, ma può almeno ridurne la portata. In altre parole, trovare un terreno comune può aiutare a isolare i veri punti di disaccordo, il che è utile soprattutto per evitare che fronti opposti in merito a un determinato argomento sprechino tempo a mettere in dubbio le intenzioni dei propri avversari, cosa che avviene fin troppo spesso nei dibattiti pubblici. Quelli sull'istruzione ne sono un triste esempio, purtroppo.

Verrebbe da pensare che chi lavora nell'ambito dell'istruzione parta dal presupposto che tutti in questo settore abbiano a cuore l'interesse dei ragazzi. Invece, gli schieramenti contrapposti in questo tipo di dibattiti sono sempre pronti a mettere in dubbio le intenzioni degli avversari. Chi predilige le *charter school*, ad esempio, viene regolarmente accusato di voler privatizzare l'istruzione pubblica per consegnarla a qualche investitore miliardario. Chi sostiene i sindacati degli insegnanti è analogamente incolpato di tenere più agli interessi dei docenti che dei bambini a cui essi insegnano.

Questo approccio fin troppo diffuso nei dibattiti sull'istruzione è tossico e improduttivo. Affermare che coloro che non sono d'accordo con noi devono per forza avere scopi discutibili e immorali equivale in pratica ad ammettere che non c'è nulla su cui dialogare. Se fosse invece possibile intavolare un confronto onesto su valori e obiettivi, per poi magari scoprire alcuni punti in comune a tale proposito, i dibattiti sull'istruzione potrebbero essere davvero edificanti. Ripeto, non sto affatto dicendo che chiedere semplicemente "non potremmo almeno concordare sul fatto che abbiamo tutti a cuore l'interesse dei bambini?" risolverebbe qualsiasi divergenza tra i militanti dell'istruzione, ma potrebbe eliminare un po' di astio e condurre a confronti e dibattiti costruttivi anziché distruttivi.

Oltre a favorire un minimo d'intesa, chiedere "non potremmo almeno...?" è anche un ottimo sistema per rimettersi in marcia, benché non si abbia un piano preciso. Come sosteneva l'arguta filosofa Mary Poppins, «chi ben comincia è a metà dell'opera». (Facile a dirsi, per lei che poteva spostare gli oggetti con la magia senza neanche toccarli, ma resta comunque un buon consiglio.) Troppo spesso, che sia per spirito di procrastinazione, paura o ricerca della perfezione, esitiamo ad avviare un progetto in casa o al lavoro se non possiamo prevedere con esattezza come o quando finirà.

Eppure, a volte, la decisione più importante che si possa prendere è cominciare. Una delle mie citazioni preferite, talvolta attribuita allo scrittore tedesco Goethe, è la seguente: «Qualsiasi cosa tu possa fare, o sognare di poter fare, incominciala. Il coraggio ha in sé il genio, il potere e la magia». Ho sperimentato la saggezza di questa affermazione sia nella mia vita privata che in quella professionale.

Io e Katie avevamo sempre voluto vivere un anno all'estero con i nostri bambini. Eravamo convinti che sarebbe stata una bella esperienza per loro e credevamo che ci avrebbe unito ancora di più come famiglia. Poi però il tempo è passato e diversi anni fa ci siamo resi conto che avremmo dovuto sbrigarci o altrimenti lasciar perdere del tutto. Dopo aver constatato che non potevamo nemmeno andare via per un anno intero, avevamo preso in considerazione l'idea di rinunciare al progetto, ma alla fine abbiamo deciso di partire "almeno" per un semestre, durante il mio periodo sabbatico, e abbiamo scelto la Nuova Zelanda. Non appena ci siamo messi nell'ottica che saremmo partiti sul serio, ogni cosa è andata al suo posto. Ho ricevuto un incarico come *visiting professor* presso la University of Auckland, abbiamo trovato una scuola fantastica per i nostri figli, una casa in cui vivere e un'auto con cui andare in giro. Benché sia durata un po' meno del previsto, la nostra permanenza di cinque mesi in Nuova Zelanda è stata tra le esperienze più proficue e appaganti della nostra vita familiare. E tutto perché ci siamo chiesti "non potremmo almeno...?", invece di rinunciare completamente al progetto.

Porre questa domanda è stato anche un modo per aiutare i miei figli a superare la paura di provare cose nuove. Lo sci ne è un esempio. Io adoro questo sport e ho deciso in maniera del tutto disinteressata di insegnare ai miei figli a sciare, nella speranza che si appassionassero per poi avere la scusa perfetta per andare in settimana bianca. Ma lo sci è un tantino impegnativo, all'inizio. La combinazione di attrezzatura strana, le dimensioni delle montagne e il freddo possono far sì che gli sciatori alle prime armi, di qualunque età, si sentano tutt'altro che entusiasti o avventurosi. Ho però scoperto che se chiedevo "non potremmo almeno...?" quando cercavo di incoraggiarli a provare qualcosa di nuovo, spesso funzionava. Così, quando avevano paura della seggiovia, dicevo loro: «Non potremmo almeno avvicinarci per vedere che aspetto ha?». Oppure, quando avevano paura di scendere lungo certe piste, dicevo loro: «Non potremmo almeno arrivare in cima e dare un'occhiata dall'alto?».

Non sempre funzionava, a dire il vero. "Non potremmo almeno...?" è una domanda essenziale, non miracolosa. Ma spesso era proprio quello che i miei figli avevano bisogno di sentirsi dire per compiere il passo successivo. A volte, vedere da vicino l'oggetto della propria paura, invece che immaginarlo e basta, può aiutare a sconfiggerla. Chiedere "non potremmo almeno dare un'occhiata?" può spronare voi stessi e gli altri a fare proprio questo.

Sul fronte professionale, in qualità di preside, non mi sono mai pentito di avere chiesto "non potremmo almeno cominciare?" a fare qualcosa, che si trattasse di un nuovo progetto o un'iniziativa. Ho scoperto, in linea con l'affermazione di Goethe, che quando ci si impegna in qualcosa, spesso si finisce per mobilitare una marea di risorse, idee e aiuti che altrimenti non ci si sarebbe mai sognati.

Forse il miglior esempio di questo si è verificato nel 2014, quando io e i miei colleghi della School of Education abbiamo deciso di lanciare un dibattito esteso all'intero campus sul tema "*fulfilling the promise of diversity*", ovvero mantenere la promessa della diversità. Abbiamo promosso questa iniziativa per due motivi principali.

Innanzitutto, non avevamo neanche un corso in comune tra i tredici programmi di laurea che offriamo, e ritenevo che fosse un peccato per una facoltà professionale come la nostra. Gli studenti che seguivano percorsi di studio diversi non si sarebbero mai incontrati per affrontare un particolare insieme di conoscenze, una serie di domande condivise o un gruppo di competenze specifiche. Ma non era una situazione che potevo modificare su due piedi, in quanto nuovo preside. Eppure sembrava che potessimo *almeno* intavolare un dibattito su un argomento comune, con tanto di seminari, gruppi di approfondimento, progetti gestiti dagli studenti e laboratori, tutti incentrati sul tema della diversità.

In secondo luogo, abbiamo scelto questo argomento perché il mondo dell'istruzione (così come il mondo in generale) sta diventando sempre più eterogeneo e abbiamo pensato che fosse importante preparare tutti i nostri studenti a lavorare in maniera proficua ed essere dirigenti di successo in questo ambito. La diversità è potenzialmente in grado di rafforzare istituzioni e organizzazioni, ma può anche creare attriti. Il confronto su questo tema era volto a comprendere come far sì che la diversità sia una fonte di forza anziché di divisione. Ci avrebbe inoltre aiutato a prendere maggiore dimestichezza con certi dibattiti impegnativi su razza, identità e uguaglianza, dibattiti che consideriamo indispensabili ma che troppo spesso vengono rimandati al futuro.

Tra l'altro, mi sentivo particolarmente motivato ad affrontare questo argomento per via di un'esperienza che avevo vissuto da studente presso la University of Virginia. Un caro amico, Ted Small, che è anche uno dei miei eroi, aveva notato che gli studenti di Giurisprudenza sia bianchi che afroamericani della UVA si autosegregavano e se ne stavano perlopiù tra di loro. In quanto studente di colore a Harvard, aveva già avuto a che fare con questioni simili prima della laurea, ma la situazione alla UVA sembrava ancora più critica. Così propose di formare un gruppo birazziale di dieci studenti che si sarebbero incontrati a cena una volta al mese per discutere di argomenti legati alla razza.

Battezzammo il gruppo "*Students United to Promote Racial Awareness*"[4], in breve "SUPRA". *Supra* è un termine

4. Ovvero "studenti uniti per promuovere la consapevolezza razziale" [*N.d.T.*].

legale latino, per cui l'acronimo fungeva anche da riferimento nerd per i giuristi. Quando Ted formò il gruppo, non aveva un'idea precisa di dove ci avrebbe portato il discorso, ma credeva (e io sono d'accordo) che fosse importante fare qualcosa. In pratica, stava chiedendo: "non potremmo almeno" riunire dieci studenti, farli parlare di questi temi per dimostrare che bianchi e neri possono affrontare insieme argomenti complessi e magari diventare anche veri amici nel frattempo? Quando ci laureammo, il nostro gruppo aveva ormai condiviso un sacco di cene e discorsi, alcuni difficili, altri impegnativi, altri ancora divertenti e spensierati. Eravamo diventati amici e il nostro esempio ha incentivato la formazione di una dozzina di altri gruppi SUPRA tra i nostri compagni di facoltà. Benché allora non me ne rendessi del tutto conto, far parte di un gruppo SUPRA è stata una delle esperienze più formative e arricchenti della mia vita. Continuo tuttora a prenderla come modello anche per i nostri dibattiti comunitari a Harvard.

Il confronto presso la School of Education ha prodotto risultati contrastanti. Il lato positivo è che è parso chiaro fin da subito che studenti, professori e personale non docente nutrivano un grande interesse per l'argomento proposto. D'altro canto, è emerso in modo altrettanto evidente nel corso dell'anno che non eravamo abbastanza organizzati per garantire la preparazione richiesta da certi temi. Alcuni studenti si lamentavano, giustamente, perché non si capiva dove andasse a parare il discorso e il dibattito non era abbastanza strutturato.

Ritenevano inoltre, altrettanto giustamente, che non stessimo facendo abbastanza.

Così riprendemmo il discorso l'anno successivo. Organizzammo il dibattito in maniera più strutturata, coinvolgemmo più relatori, assegnammo a tutti una stessa lettura e aggiungemmo ai programmi di studio più di dieci corsi su razza, diversità e uguaglianza. Il discorso si tradusse inoltre in un doppio sforzo volto a diversificare il nostro corpo docenti e il personale; comportò una rinnovata attenzione e un notevole impegno da parte degli insegnanti per offrire esperienze didattiche inclusive e rigorose, e ci permise di usufruire del talento e delle competenze dei nostri dottorandi che conducevano seminari e gruppi di discussione, oltre a laboratori per il corpo docenti.

Trascorsi quattro anni, quello che era nato come un dibattito assai poco organizzato è entrato a far parte integrante della nostra identità accademica in tutta una serie di contesti, dalla formazione delle classi all'assunzione dei docenti, all'ambiente di lavoro del personale. Il discorso non è affatto concluso e c'è ancora moltissimo da fare. Eppure, nell'impegnarci ad avviare questo confronto, abbiamo messo in moto forze che ritengo abbiano consolidato la nostra facoltà e ci abbiano aiutato a preparare meglio i nostri studenti, affinché diventino dirigenti di istituti e organizzazioni equi ed eterogenei.

Mettendo in risalto questo esempio, non intendo affermare che ogni iniziativa che abbiamo intrapreso alla School of Education abbia avuto esiti positivi. Niente affatto.

Ma anche i tentativi che non sono andati a buon fine o si sono rivelati deludenti ci hanno insegnato qualcosa. Incominciare non è di per sé una garanzia di successo, ma assicura perlomeno di non vivere con il rimpianto di non aver provato, che è l'ultima considerazione di questo capitolo.

Quando chiedete "non potremmo almeno...?", state essenzialmente proponendo, a voi stessi e agli altri, di cercare di fare qualcosa, che sia trovare un accordo o avviare una qualche attività. Se non ponete questa domanda, è meno probabile che ci proviate. E credo che il non tentare sia tra le fonti dei nostri peggiori rimpianti; ecco perché ho parlato del peccato di omissione durante il mio secondo discorso per la consegna dei diplomi a Harvard. Sono convinto che ciò che non facciamo spesso ci tormenti più di quello che invece facciamo.

Di certo non sono né il primo né l'unico a sostenerlo. Bronnie Ware, un'infermiera che ha assistito i malati terminali, ha pubblicato un libro sui rimpianti più comuni espressi dai propri pazienti. Al primo posto c'è il non aver inseguito i propri sogni; in sostanza, il non aver tentato o non aver cominciato a fare.

La mia esperienza personale relativa a questa particolare fonte di rimpianto non c'entra con l'inseguire un sogno, ma è piuttosto collegata alla morte di mia madre. Nell'agosto del 2009 mia mamma è caduta e si è rotta un'anca. All'età di 71 anni era relativamente giovane, ma aveva già affrontato una serie di malattie che l'avevano resa alquanto debole e vulnerabile. Nell'arco di cinque settimane strazianti dopo la caduta, ha riportato una complicazione dopo l'altra. In un paio di occasioni ho pensato che non stesse ricevendo le cure di cui aveva bisogno ma, per una serie di motivi, non ho spinto i dottori a fare di più e non ho cercato di farla trasferire in un'altra struttura o farla seguire da un'altra équipe di medici. A cinque settimane dalla caduta, ha avuto una serie di ictus ed è morta in ospedale mentre io e mia sorella le tenevamo la mano.

Tutte le persone che avevo intorno continuavano ad assicurarmi che i dottori avevano fatto tutto il possibile, proprio come me. Ma io non la pensavo così. Non davo la colpa ai medici, incolpavo me stesso per non aver insistito o fatto di più. In sostanza, incolpavo me stesso per non avere chiesto: "Non potremmo almeno sentire un altro parere?".

Forse il risultato sarebbe stato identico, ma è impossibile saperlo, il che è un grosso peso da sopportare. È questo il problema del non tentare: non sapere quale avrebbe potuto essere l'esito finale. Per quanto si immagini che il risultato sarebbe stato lo stesso, è solo una magra consolazione. Quando si tratta di aiutare amici e parenti, ciò che più si desidera è credere di averle provate tutte per dare una mano.

È una storia triste, me ne rendo conto, ma mi ha reso ancora più certo del fatto che il tentativo sia spesso più importante del risultato. Alla luce della mia esperienza personale, sono convinto che ogni volta che si prova a tendere una mano, a raddrizzare un torto o a farsi valere, ci si senta poi meglio con sé stessi e con il mondo. Quando si agisce, si può commettere un errore; quando si parla, si può dire la cosa sbagliata, ma è molto meglio «fallire osando», piuttosto che restare alla finestra, per parafrasare Teddy Roosevelt. Se si fallisce, spesso la cosa peggiore che possa accadere è che si avrà una storia buffa da raccontare. Non ho mai sentito una sola storia buffa sul non aver tentato.

Dal momento che aiuta a superare l'impasse, che sia causata da un disaccordo, dalla paura, dalla procrastinazione o dall'indolenza, e che sia dovuta a ostacoli esterni o interni, la domanda "non potremmo almeno...?" suscita movimento. È un interrogativo che suggerisce inoltre che i viaggi sono spesso lunghi e incerti, che i problemi non si risolvono con un semplice dibattito e che persino il massimo impegno potrebbe non funzionare. Al contempo, però, il quesito rammenta che da qualche parte bisogna pur cominciare. È un interrogativo che spinge voi e gli altri sulla linea di partenza. Come ho detto all'inizio del capitolo, è la domanda alla base di qualsiasi progresso e per tale motivo, come dimostrano Phebe e la nostra famiglia completa, è assolutamente essenziale porla.

4

COME POSSO ESSERE DI AIUTO?

Fortunatamente per tutti quanti noi, molte persone sono interessate ad aiutare gli altri; alcuni dedicano la carriera e la propria vita a tale scopo. Non tutti sono così propensi, naturalmente, e la maggior parte della gente è egoista almeno in qualche occasione. I biologi o gli psicologi evoluzionisti direbbero che siamo *sempre* egoisti e che il nostro impegno nell'aiutare gli altri è solo un tentativo per sentirci bene con noi stessi. Tuttavia, a prescindere dalle motivazioni, un numero consistente di persone aiuta i colleghi, i familiari, gli amici e persino gli sconosciuti.

Per quanto ammirevole, il rischio nell'aiutare gli altri è legato alla possibilità che questo gesto sia in realtà sintomo di egoismo; il pericolo consiste nel cadere preda di quello che alcuni chiamano il "complesso del salvatore". Come dice il nome stesso, si tratta di un atteggiamento o un approccio nei confronti del mondo per cui ci si crede degli esperti in grado di farsi avanti e salvare gli altri. È una visione distorta dell'aiuto, per cui l'aiutante crede di avere tutte le risposte, di sapere esattamente cosa fare e pensa che la persona o il gruppo in difficoltà si aspettino che un salvatore arrivi in loro soccorso.

Benché si tratti di un problema concreto, non dovremmo permettere alle insidie oggettive del complesso del salvatore di reprimere uno degli istinti più umani che ci siano: l'istinto di dare una mano. Il trucco è assistere gli altri senza credersi o comportarsi come il loro salvatore.

Questo per dire che *come* si aiuta conta tanto quanto il fatto di aiutare, motivo per cui è essenziale partire dalla domanda "come posso essere di aiuto?". Cominciare con tale quesito equivale a chiedere indicazioni, con umiltà. Così facendo, si riconosce che ciascuno è l'esperto della propria vita e gli si offre l'opportunità di restare al comando, nonostante gli si tenda comunque una mano.

Poco tempo fa, ho ascoltato una bellissima storia su *The Moth* che sottolineava l'importanza di chiedere *come* si può essere di aiuto. *The Moth* è un programma radiofonico e un podcast che raccoglie storie vere raccontate dal vivo da persone di tutto il mondo. Le storie sono avvincenti, proprio come quella che ho sentito di recente di una donna sull'ottantina che ha spiegato quanto ci tenesse alla propria indipendenza. Adorava il fatto di essersi sempre presa cura di sé e di poterlo ancora fare, alla soglia del suo ottavo decennio di vita. Poi ha avuto un ictus.

Mentre era ricoverata all'ospedale, i vicini del suo condominio a New York hanno apportato qualche piccola modifica al suo appartamento per renderle più agevole muoversi con il deambulatore, di cui avrebbe avuto bisogno una volta dimessa. All'inizio la donna era rimasta spiazzata, perché era in buoni rapporti con i vicini, ma non erano veri e propri amici. Eppure, il loro gesto di affetto l'ha spinta a riconoscere che un po' di dipendenza dagli altri poteva in realtà arricchire la sua vita, soprattutto se avesse ricambiato. Così ha appeso un cartello alla porta di casa in cui invitava i vicini a entrare per fare due chiacchiere. Poi ha raccontato che passavano spesso a trovarla per parlare con lei e ha rimarcato con gratitudine il fatto che, quando si offrivano di darle una mano, le chiedevano sempre *come* potevano essere di aiuto. In quel modo, ha spiegato lei, le consentivano di mantenere la propria indipendenza e dignità.

Non c'è da meravigliarsi se, oltre a dimostrare rispetto, chiedere come si può essere di aiuto aumenta probabilmente anche l'efficacia dell'assistenza. Mia moglie Katie pone questa domanda e presta attenzione alla risposta proprio come chiunque altro io conosca. Potrei elencare svariati esempi, ma ne riporterò soltanto due.

Nel 1996 io e Katie facemmo un viaggio in bicicletta da Nairobi, in Kenya, alle Cascate Vittoria, in Zimbabwe. Ci vollero sei settimane per completare il percorso, lungo più di duemila chilometri. Fu un viaggio incredibile, dall'inizio alla fine. Eravamo una comitiva organizzata alla bell'e meglio e i nostri compagni ciclisti erano perlopiù britannici. Uno di loro, che chiamerò Nelson, era sulla sessantina. Alto, allampanato, piuttosto pallido e con una personalità un tantino eccentrica, sembrava e si comportava da bibliotecario di lungo corso qual era. Una volta raggiunte le Cascate Vittoria, prendemmo tutti una stanza in hotel per festeggiare il coronamento della nostra avventura e ci demmo appuntamento per la cena. Quando passammo a prendere Nelson, si affacciò alla porta della sua camera alquanto sconnesso. In pratica, parlava a vanvera.

Il resto del gruppo pensava che avesse festeggiato la fine di quel lungo viaggio alzando un po' il gomito, per cui lo lasciammo in pace e andammo a mangiare. Eppure, per tutta la durata della cena, Katie continuò a rimuginare su di lui e a ripetermi che c'era qualcosa che non andava. Così, dopo mangiato, passammo di nuovo dalla sua stanza e quando lui venne alla porta, Katie gli chiese: «Come possiamo aiutarti, Nelson? Sembra che ci sia qualche problema». Mentre gridava lettere e numeri a caso, come se giocasse al bingo o riordinasse i libri della biblioteca, ebbe un momento di lucidità e disse: «Mi sento un po' strano. Mi scoppia la testa».

Katie lo portò all'ospedale locale e lo aiutò a farsi visitare da un medico, il che non fu un'impresa facile. Saltò fuori che Nelson aveva contratto la malaria cerebrale, che è mortale se non viene curata. Il medico disse a Katie con tono molto serio che erano arrivati appena in tempo. Nelson fu trasportato in elicottero a Harare, in un ospedale più grande dove ricevette le cure di cui aveva bisogno. Se Katie non avesse chiesto a Nelson come potevamo aiutarlo e avesse dato per scontato di conoscere già il suo problema, lui sarebbe probabilmente morto nella sua stanza d'albergo.

Un esempio un po' meno drammatico viene da un caso su cui Katie e i suoi colleghi hanno lavorato di recente. In quanto avvocato specializzato nell'ambito dell'istruzione speciale, Katie lavora in un ufficio della Harvard Law School. Insieme ai suoi colleghi e agli studenti di Giurisprudenza, rappresenta i bambini poveri che potrebbero beneficiare di un'educazione speciale, ma non ricevono i servizi a cui avrebbero diritto secondo le leggi statali e federali. Troppo spesso, in queste situazioni, i funzionari scolastici, i medici e gli avvocati tendono a dire ai ragazzi e alle loro famiglie ciò di cui hanno bisogno. Katie e i suoi colleghi si assicurano invece di capire cosa vogliano in realtà i propri assistiti, chiedendo loro, in un modo o nell'altro: «Come possiamo essere di aiuto?».

Uno dei suoi clienti, che chiamerò Robert, si rivolse a lei quando aveva 18 anni. Erano circa due anni che il ragazzo non andava più a scuola. Aveva solo una parte dei crediti che gli servivano per diplomarsi alle superiori, eppure era molto bravo dal punto di vista scolastico e aveva un quoziente intellettivo nel novantesimo percentile.

Robert doveva fare i conti con un'ansia importante (non diagnosticata) che talvolta comprometteva le sue capacità. Quando era più piccolo saltava spesso la scuola, poi smise di andarci del tutto quando al padre fu diagnosticato un tumore al cervello in stadio avanzato. Poiché la madre lavorava a tempo pieno, l'incombenza di assistere il padre ricadeva in gran parte sul ragazzo.

I funzionari scolastici ritenevano il suo un caso di assenteismo volontario e conclusero semplicemente che Robert non voleva più frequentare la scuola. Pensando di aiutarlo, gli consigliarono di ritirarsi e conseguire il diploma da privatista. Poiché avrebbe potuto superare l'esame con facilità e poi iscriversi a un *community college*, questa sembrava la soluzione più ovvia.

Ma non era quello che Robert voleva, come Katie e i suoi colleghi appresero ascoltandolo. Sostenere l'esame da privatista non lo avrebbe aiutato a sviluppare le capacità per gestire la propria ansia. Oltretutto, il ragazzo aveva aspirazioni più alte. Voleva diplomarsi in modo tradizionale e poi frequentare quattro anni di college. Era consapevole che non sarebbe stata una passeggiata, dato che sarebbe stato molto più vecchio rispetto agli altri compagni. Ma era determinato.

Katie e i suoi colleghi presero in carico il suo caso. Lavorando con Robert, alla fine convinsero i funzionari scolastici di riferimento che le sue numerose assenze da scuola dipendevano da un disturbo dell'ansia che andava gestito. Il ragazzo finì per frequentare una piccola scuola superiore per studenti con problemi emotivi, conseguì ottimi voti nell'arco del primo anno e ora sta per diplomarsi. Tutto perché Katie e i suoi colleghi hanno chiesto "come possiamo essere di aiuto?" e poi hanno ascoltato e rispettato la risposta di Robert.

Mentre a Katie viene spontaneo porre questa domanda, io ho dovuto apprenderne l'importanza. Ho imparato la lezione grazie a un cliente che chiamerò Patrick, un giornalista camerunense. All'epoca esercitavo la professione di avvocato a Newark, in New Jersey, presso lo studio legale Crummy, Del Deo. Lo studio patrocinava un'associazione di pubblica utilità e permetteva ai suoi membri, quale io ero, di lavorare esclusivamente su dei casi *pro bono*. Era un lavoro fantastico, perché significava che potevo dedicarmi a qualsiasi caso mi interessasse di più. Quello di Patrick mi incuriosiva.

Lui chiedeva asilo politico. Mentre era in onda su un canale televisivo di proprietà dello Stato per trasmettere i risultati delle elezioni in Camerun, Patrick prese la decisione audace e pericolosa di denunciare in diretta gli sfrenati brogli elettorali commessi dal governo. Non appena fece ritorno nel proprio ufficio, trovò la polizia ad attenderlo. Lo portarono in prigione e per mesi lo sottoposero a orribili torture. In più di un'occasione per poco non lo uccisero. Sua madre alla fine riuscì a corrompere una guardia carceraria che lo liberò nel cuore della notte, con il favore dell'oscurità. Da allora per Patrick ebbe inizio un'odissea attraverso diversi continenti che terminò con il suo ingresso negli Stati Uniti con un passaporto falso. Quando un agente della dogana lo interrogò a proposito del passaporto, lui ammise che era falso. Benché avesse tentato di spiegare che cercava asilo, Patrick fu arrestato e spedito a Newark, in un centro di detenzione per clandestini fermati al confine degli USA.

Un'organizzazione per i diritti umani individuò il suo caso e me lo segnalò. Sapevo che per soddisfare i requisiti legali per ottenere l'asilo politico, il richiedente doveva dimostrare di avere una "paura fondata di persecuzione" nel suo Paese d'origine. Decisi di farmi raccontare bene i fatti da Patrick, il che mi avrebbe permesso di perorare la sua causa. Questo portò via parecchio tempo e intanto la procedura stessa per ottenere l'asilo proseguiva con la massima calma. Più quella si trascinava per le lunghe, più Patrick si avviliva. Credevo che stessimo facendo dei progressi, per quanto lenti, ma per lui le giornate scorrevano interminabili, una dopo l'altra.

Durante un nostro colloquio, dal momento che Patrick rispondeva a monosillabi alle mie domande, mi fermai e gli dissi che mi sembrava giù di morale. Al che (finalmente) gli chiesi se c'era qualcosa che io potessi fare per aiutarlo. Lui ribatté: «Ho davvero bisogno di uscire da questo posto. Mi fa impazzire l'idea di aver fatto tutta questa strada solo per finire di nuovo in prigione». Ero consapevole che la reclusione non fosse la sua prima scelta, non lo sarebbe stato per nessuno, ma pensavo che fosse un piccolo prezzo da pagare in cambio dell'asilo politico. La sua affermazione mi lasciò di stucco. Cominciai a fare più ricerche sulla procedura di asilo e appresi che coloro che attendono un'udienza possono essere affidati a una famiglia disposta ad accoglierli. Io e Katie non potevamo ospitarlo, perché vivevamo con nostro figlio appena nato in un appartamento minuscolo in cui non c'era letteralmente spazio per un'altra persona. Ma una collega magnanima e la sua famiglia si offrirono di accogliere Patrick in casa loro, e così misi temporaneamente da parte la questione dell'asilo e mi adoperai per farlo scarcerare.

Nel giro di un paio di settimane, l'istanza di rilascio fu accolta e lui andò a vivere con la sua famiglia ospitante. Restò con loro per diversi mesi, mentre continuava a prepararsi per l'udienza, e finalmente mi resi conto che quella avrebbe dovuto essere la sua occasione, non la mia, per raccontare la sua storia. Così, con l'assistenza di un collega esperto, lavorammo per aiutarlo a raccontare la propria vicenda.

Alla fine, Patrick ottenne l'asilo politico e riuscì a trovare un buon impiego nel New Jersey e a rifarsi una vita. Qualche anno dopo, mi chiese di fargli da testimone di nozze. Al ricordo del suo matrimonio, mi vengono ancora le lacrime agli occhi. Quando in seguito gli domandai perché avesse scelto me come suo testimone, mi rispose: «Perché sei stato il mio primo amico qui in America. Mi hai ascoltato».

Chiedere come si può essere di aiuto è anche un modo efficace per indurre gli altri a individuare, esprimere e fronteggiare i propri problemi. Questo è comprensibilmente arduo da fare, a volte, come narra in maniera toccante Atul Gawande nel libro *Essere mortale. Come scegliere la propria vita fino in fondo*, in cui illustra le dure scelte che i pazienti affetti da cancro in stadio avanzato devono compiere a proposito della propria salute. Poiché affrontare la propria mortalità è incredibilmente difficile e poiché i dottori vogliono ovviamente salvare i pazienti, è complicato per medici e malati dare luogo a confronti onesti sulla fine della vita. Eppure, come sottolinea Gawande, i pazienti oncologici e le loro famiglie hanno davvero bisogno di qualcuno che li guidi con onestà e compassione. Mentre leggevo questo libro, mi sono reso conto che se i dottori chiedessero ai pazienti come potrebbero essere di aiuto, prima di illustrare tutti i modi in cui potrebbero intervenire, in un certo senso obbligherebbero i pazienti a porsi una serie di domande a cui soltanto loro possono rispondere: cosa vuoi fare? Come vuoi trascorrere quelli che potrebbero essere i tuoi ultimi mesi di vita? Come vuoi prendere questa decisione? Ovvero, quali informazioni ti servirebbero, ad esempio, e chi altro vorresti coinvolgere nella discussione?

Domandare come si può essere di aiuto è altrettanto efficace anche in circostanze meno terribili, benché per motivi analoghi. Se chiedete a qualcuno come potete aiutarlo, lo invitate ad assumersi la responsabilità dei propri problemi. Ecco perché è una domanda utile da fare ad amici, parenti e colleghi. Ho inoltre scoperto che si tratta di un quesito particolarmente valido da porre a bambini e ragazzi.

Nel periodo tra il college e la facoltà di Giurisprudenza, ho passato un inverno a lavorare in una scuola di sci per bambini in Colorado. Non avevo alcuna preparazione come istruttore, pertanto trascorsi gran parte del tempo a fare da assistente all'interno della scuola, uscendo a dare lezioni di sci ai principianti solo quando quasi tutti gli altri maestri avevano terminato la stagione. Il lavoro con il personale all'interno della scuola consisteva nel preparare i pranzi, aiutare i bambini a mettere e togliere l'attrezzatura da sci, pulire nasi, ritrovare guanti e cercare di tranquillizzare genitori e bambini ugualmente tesi. Preparavo anche un sacco di cioccolate in tazza. I bambini erano abbastanza piccoli e qualcuno era sopraffatto dall'intera esperienza, proprio come accadde anche ai miei figli anni dopo, quando cercai di insegnare loro a sciare. Lì alla scuola, tentavamo di aiutare come potevamo, il che spesso si traduceva nel dare un consiglio dopo l'altro su quello che i bambini potevano e dovevano fare per sentirsi a loro agio.

Il più delle volte i consigli funzionavano, ma ogni tanto rendevano i bimbi più nervosi e basta. Era come se l'evidente inutilità dei nostri suggerimenti non facesse altro che confermare quanto fosse disperata la loro situazione. Ricordo un bambino di sette anni particolarmente ostinato che si rifiutava di uscire dopo pranzo per la lezione pomeridiana. Io gli propinai tutta una serie di consigli: stringi gli scarponi, infila i guanti, metti la maschera, indossa la sciarpa. Ad ogni suggerimento, lui diventava sempre più intrattabile, finché, esasperato, gli chiesi finalmente: «Okay, così non va, per cui forse puoi essere tu a dirmi come posso aiutarti?».

Con mia grande sorpresa, quella domanda lo fece fermare a riflettere. Si guardò intorno e poi, a voce bassa, disse: «Ho ancora fame». Gli preparai un altro panino con burro di arachidi e marmellata e mi sedetti accanto a lui mentre mangiava. Aveva decisamente fame, ma credo anche che avesse bisogno di una pausa mentale. Allora ancora non lo sapevo, ma chiedendogli di dirmi di cosa avesse bisogno, gli avevo delegato il compito di individuare e iniziare ad affrontare ciò che di preciso lo infastidiva.

Trovo questa domanda molto efficace in quanto genitore, e anche per lavorare con studenti in difficoltà o insoddisfatti. Come genitori (e insegnanti), si cerca di aiutare a risolvere dei problemi, grandi o piccoli che siano.

Molto spesso si pensa di conoscere la soluzione, per cui si avanza un'idea o una vera e propria sfilza di idee. Eppure, a volte, proporre delle soluzioni non fa altro che alimentare l'ansia o la cocciutaggine di figli o studenti, proprio com'è successo con il bambino della scuola di sci. Se invece si ascoltano con pazienza e in silenzio le loro preoccupazioni e le lamentele e poi si chiede loro come si può essere di aiuto, il discorso cambia. Di solito questo induce i miei figli a riflettere. Cercano di capire se posso davvero aiutarli e, se sì, come. Spesso e volentieri, alla fine ammettono che non posso fare proprio nulla, ma così dicendo iniziano già a pensare a come risolvere il problema da soli. Ciò di cui hanno più bisogno è sfogarsi, ricevere un po' di conforto e trovare una soluzione per conto proprio.

Il bisogno di sfogarsi non si limita solo ai bambini. Mia cugina Tracy, che è tanto simpatica quanto saggia, mi ha raccontato di quando una volta è tornata a casa dopo una giornata davvero frustrante al lavoro e ha riferito al fidanzato quanto accaduto quel giorno. Invece di ascoltare tutta la storia, lui ha subito iniziato ad avanzare delle proposte su quello che lei avrebbe potuto fare per risolvere la questione, il che la mandò su tutte le furie. «Non volevo che risolvesse i miei problemi» mi ha confidato. «Volevo solo che mi ascoltasse e capisse che avevo avuto una giornataccia al lavoro».

Se chiedete ad amici, parenti o colleghi come potete essere di aiuto, non vi state offrendo di risolvere i loro problemi con dei consigli specifici. State piuttosto riconoscendo che hanno un problema reale e cercate di dire che siete disposti a dare una mano, se necessario. In tal modo dimostrate sia conforto che empatia, e a volte non serve altro. Detta in modo diverso, chiedendo come potete aiutare, talvolta l'avete già fatto.

Infine, se domandate *come* potete essere di aiuto, instaurate la conversazione nonché il rapporto su un piano di maggiore parità. È probabile che siate aperti, come dovreste, alla possibilità che la persona a cui porgete il vostro aiuto abbia presumibilmente qualcosa da offrirvi in cambio. Del resto, la state esortando a raccontarvi abbastanza della sua situazione o della sua vita da permettervi di aiutarla. In tal senso, chiedere come si può essere di aiuto è un invito a stabilire una relazione autentica, basata sul concetto di reciprocità.

Mi resi conto di questo aspetto quando lavorai per qualche mese come volontario nella campagna del Kentucky, subito dopo aver finito la stagione nella scuola di sci in Colorado e subito prima di iniziare Giurisprudenza. Collaboravo con un'associazione cattolica di volontariato e credevo che sarei andato porta a porta in giro per l'Appalachia a offrire qualsiasi tipo di aiuto potessi dare. Non ricordo cosa mi spinse di preciso a fare il volontario, ma sono certo che un pizzico del "complesso del salvatore" mi abbia motivato. Mi imbarazza ammetterlo, ma immagino di aver creduto che all'età di 19 anni, senza la minima esperienza in materia, potessi in qualche modo aiutare i poveri delle zone rurali dell'Appalachia.

Con mia grande sorpresa, non fui mandato porta a porta, ma mi assegnarono a una piccola casa famiglia per bambini disabili. Molti di loro erano davvero piccoli ed erano affetti da malattie terminali. Probabilmente nessuno sarebbe sopravvissuto fino all'adolescenza. Eppure una di loro, che chiamerò Cindy, era proprio un'adolescente, una ragazzina esuberante con la sindrome di Down.

Non appena misi piede nella casa famiglia, un'abitazione indipendente a un unico piano molto ordinata, luminosa e accogliente, Cindy mi venne incontro e mi prese per mano. «Sei carino» mi disse. Dopo qualche mio misero tentativo di ribattere qualcosa di spiritoso, lei aggiunse: «Jim, sei così divertente». Da quel giorno in poi, ogni mattina, quando arrivavo, Cindy mi prendeva per mano e ripeteva una qualche versione di "sei carino, Jim. E sei così divertente".

Passavo gran parte delle giornate a occuparmi di attività basilari quali lavare, vestire, nutrire e intrattenere i bambini. Lo staff risicato di persone che lavoravano lì accolse con gentilezza il mio aiuto e mi insegnò con pazienza quello che dovevo sapere. Era tutto abbastanza semplice, ma c'era un bimbo che si alimentava per mezzo di un sondino nasogastrico che andava pulito regolarmente. Una collega mi mostrò come fare, ma ero comunque teso la prima volta che ci provai, perché avevo paura di fargli del male. Cindy mi vide in difficoltà, mi raggiunse e prese in mano la situazione. Guardai la collega con aria interrogativa, come a chiedere se fosse tutto sotto controllo, e lei sorrise annuendo. Cindy pulì il sondino con perizia e nel mentre mi spiegò che era facile.

Da quel momento in avanti, mi accorsi che Cindy sapeva, al pari di chiunque altro, come aiutare il resto dei bambini. Aveva appreso quale cibo prediligevano, come volevano essere sollevati dalla sedia a rotelle per fare il bagno o essere cambiati, come pettinarli e quali canzoni preferivano ascoltare. Divenne la mia insegnante e guida. Poiché i bambini non riuscivano a parlare, non avevo modo di chiedere loro come potessi essere di aiuto. Ma potevo chiedere a Cindy o semplicemente seguire il suo esempio.

Una bambina in particolare della casa famiglia mi conquistò. La chiamerò Susie. Non aveva neanche due anni, con dei bellissimi occhi azzurri, le fossette, dei sottili capelli biondi e il sorriso facile. Aveva una grave lesione al midollo spinale e non poteva stare seduta. Era anche sorda e molto silenziosa. Ma quando la guardavi, lei reggeva il tuo sguardo come se ti studiasse minuziosamente. Non sapevo bene cosa fare per intrattenerla o darle conforto. Una mattina, Cindy mi vide in piedi accanto al lettino della bimba, si avvicinò, mi prese la mano e la guidò verso quella di Susie, che la strinse e la usò per accarezzarsi la guancia, sorridendo per tutto il tempo. «Le piace molto» commentò Cindy, sorridendo anche lei.

Dire che ho appreso più di quanto io abbia aiutato sarebbe estremamente riduttivo. Non era il motivo per cui ero lì, eppure è quello che è successo. In Kentucky ho imparato a non sottovalutare le persone con "disabilità" come Cindy, che mi ha insegnato più cose sui bambini che stavo cercando di aiutare di quante ne avrei mai imparate da solo, e che è diventata non solo la mia insegnante, ma anche un'amica. Ho appreso dai bimbi e dallo staff che le piccole gioie possono coesistere accanto alla vera tragedia. Le storie dei giovani abitanti della casa famiglia erano struggenti, ma quello non era un luogo triste. Era un posto pieno di amore e premure.

Forse, più di tutto, ho imparato l'accettazione e l'umiltà. Potevo intrattenere i bambini, dare loro da mangiare e prendermene cura. Ma non potevo fare molto altro. Di certo non potevo cambiare il corso della loro vita, così come nessuno là dentro. Così ho seguito l'esempio di Cindy e mi sono concentrato su ogni singolo giorno, ogni momento e ogni bambino. Ho cercato di fornire un po' di conforto e, dove possibile, un po' di gioia.

È stata una lezione dura e liberatoria al tempo stesso da imparare, e mi è rimasta impressa al punto che quando io e Katie ci siamo sposati, ho chiesto al mio amico Roger di leggere *Una preghiera in primavera* di Robert Frost durante la cerimonia. Roger era stato con me in Kentucky, ed è stato lì che mi sono imbattuto per la prima volta in questa poesia, che rende bene quello che Cindy e gli altri bambini mi hanno insegnato.

La poesia comincia così:

«Oh, dacci il piacere dei fiori oggi,
e non farci pensare lontano

all'incertezza del raccolto; tienici tutti qui
semplicemente nell'anno che germoglia».

Dopo aver incoraggiato il lettore a gioire dei frutteti, delle api e degli uccelli tutti intorno, la poesia conclude:

«Poiché questo è amore e nient'altro lo è,
quello che è riservato a Dio lassù
per santificare quanto è nella sua volontà,
ma che ha solo bisogno che noi lo realizziamo».

In altre parole, chissà cosa vorrà dire tutto questo alla fine, eppure per ora il nostro compito più importante è osservare e apprezzare l'effimera bellezza che ci circonda. In base alla mia esperienza, se ci si offre di aiutare gli altri e si resta aperti a ricevere il loro aiuto in cambio, ci si rende ben presto conto, per dirla con le parole di Frost, che «questo è amore e nient'altro lo è».

Per tutte queste ragioni, "come posso essere di aiuto?" è una domanda essenziale. È il quesito che crea i presupposti per qualsiasi buon rapporto. È una domanda che denota che ci tenete, indica la volontà di aiutare, ma esprime anche rispetto, umiltà, nonché la probabilità che alla fine riceviate altrettanto aiuto anche voi.

5

COSA CONTA DAVVERO?

La quinta e ultima domanda essenziale è: “Cosa conta davvero?”. Si tratta di un quesito che può guidarvi con la stessa efficacia sia durante una riunione con i colleghi che nel corso delle decisioni più importanti della vostra vita. Vi costringe ad arrivare al nocciolo della questione, sia in ambito lavorativo che scolastico, e al cuore delle vostre convinzioni, credenze e obiettivi personali. È la domanda che aiuta a distinguere ciò che è davvero importante dal superfluo e aiuta a destreggiarsi tra le quisquilie, alla ricerca dell’indispensabile.

Con il senno di poi, è la domanda che molti di noi avrebbero dovuto porre la mattina in cui è nato Sam, il nostro secondogenito. Questa è una storia che serve da monito, benché per fortuna abbia un lieto fine. E giuro che è l’ultimo aneddoto sul parto che vi racconto.

Mentre era incinta di Sam, Katie ha sentito dire più e più volte che il secondo figlio può arrivare in fretta, nel senso che il travaglio può durare molto poco. Questa era una splendida notizia per lei, dato il lungo calvario che aveva dovuto affrontare nel partorire il nostro primogenito Will. Quando Katie si svegliò per le doglie alle quattro del mattino del 29 novembre 1998, sapevo che avremmo dovuto metterci subito in marcia. L’amica del college di Katie, un’ostetrica che era rimasta a dormire da noi quella notte, ci consigliò di recarci subito in ospedale. Katie, da persona inguaribilmente responsabile qual è, prima di partire voleva assicurarsi che i nostri cani, il gatto e i due cavalli avessero da mangiare. Poi decise anche di farsi una doccia.

Quando finalmente salimmo in macchina, le contrazioni erano già piuttosto ravvicinate e dolorose. Guidai spedito verso l'ospedale e per poco non investii un cervo lungo la strada. Quando arrivammo, Katie era in travaglio attivo. Per ragioni che non so davvero spiegare, a parte dire che non ero del tutto lucido, superai l'ingresso del pronto soccorso e mi infilai nel parcheggio coperto dedicato ai visitatori. Essendo mattina presto, la sbarra era alzata e non c'era alcun addetto nei paraggi a sorvegliare gli accessi. Così pensai: "Se entriamo da qui, non sapranno mai quando siamo arrivati e probabilmente ci faranno pagare un occhio della testa per il parcheggio". Lo so, lo so: mossa stupida.

Feci retromarcia e mi diressi verso un altro ingresso. Aveva la sbarra alzata anche quello, ma stavolta decisi di tentare la sorte, in parte perché Katie stava ormai dicendo, con una certa dose di sicurezza, che aveva intenzione di: «AVERE IL BAMBINO SUBITO!». Cercai di spiegarle il motivo per cui non sarebbe stata affatto una buona idea. Quando parcheggiai e feci per aiutarla a scendere, lei ribadì la volontà di partorire Sam seduta stante e poi aggiunse che era piuttosto sicura di non riuscire più a camminare. Pensai di aprire il portellone posteriore della nostra Subaru, tirare giù i sedili, farla sdraiare nel bagagliaio e poi guidare lentamente con il portellone sollevato fino all'ingresso del pronto soccorso, che era a soli cinquecento metri di distanza, eppure sembrava così lontano.

Alla fine, avendo opportunamente parcheggiato al primo piano, accompagnai Katie giù per le scale, portandola un po' in braccio e un po' sorreggendola. Quando arrivammo in fondo alla rampa, lei decise che aveva giusto bisogno di stendersi un minuto, proprio sul marciapiede dall'altra parte della strada rispetto al pronto soccorso. Con estrema calma, cominciai a gridare come un ossesso e per fortuna qualcuno nell'ospedale ci sentì e ci portò dentro, con Katie scomodamente seduta su una sedia a rotelle.

A quel punto, lei stava facendo tutto il possibile per evitare che Sam sbucasse fuori e, chissà perché, non trovò d'aiuto quello che le dissi: «Be', almeno non è bloccato». Appena entrammo nel pronto soccorso, la responsabile dell'accettazione ci accolse e ci informò che dovevamo recarci nell'area "triage", dove di solito verificano che non si tratti di un falso allarme prima di mandare qualcuno in sala parto. Noi assicurammo con una certa enfasi che non si trattava di un finto travaglio e che le grida di dolore di Katie erano sentite. Ma la responsabile continuava a ripetere che «tutti passano per il triage» con un tono gentile ma leggermente minaccioso che mi ricordava l'infermiera Ratched di *Qualcuno volò sul nido del cuculo.* Dato che le cose non andavano troppo bene, quando si faceva arrabbiare l'infermiera Ratched, proposi di passare dal triage e farla finita.

Lì beccammo il povero specializzando di turno, il quale ci accolse senza il senso di urgenza che la situazione sembrava richiedere. Dopo aver cercato di scambiare qualche convenevole, tra le urla di dolore di Katie, la visitò ed esclamò sorpreso: «Wow, riesco quasi a vedere la testa del bambino! È pazzesco!». Poi, dopo una breve pausa per vedere se ci rendevamo conto di quanto fosse incredibile che Katie stesse davvero per partorire, aggiunse: «Credo che forse vi dovremmo portare in sala parto».

Qualche minuto più tardi, ci ritrovammo nella sala parto con lo specializzando e un'infermiera, palesemente più esperta di lui. Katie era pronta a partorire, così come lo era dieci minuti prima, il che significava che era *davvero* pronta. Lo specializzando, invece, non lo era affatto. Guardò l'infermiera e cominciò a elencare tutte le cose di cui avrebbe potuto avere bisogno. «Mi servono gli occhiali protettivi» disse, mentre lei lo osservava con scetticismo. «Mi servono le babbucce» aggiunse riferendosi a quei copriscarpe azzurri o verdolini che usano i medici per proteggere le calzature, «e mi serve un po' d'acqua. Da bere». A quel punto, l'infermiera inarcò un sopracciglio e mi lanciò un'occhiata eloquente, il che mi spinse a suggerire, con gentilezza: «Dottore, credo che forse ci dovremmo concentrare un pochino. Katie sta per esplodere».

L'infermiera, grazie al cielo, colse la palla al balzo e rammentò, con tono rispettoso, che il medico strutturato era proprio nella stanza accanto. «Propongo di chiamare il responsabile per un consulto» disse allora lo specializzando. Lo strutturato arrivò immediatamente. Si diresse spedito verso Katie, impiegò circa due minuti a visitarla e concluse: «D'accordo, è pronta ad avere questo bambino?».

Katie rispose con una versione un po' più colorita di "sì, sarebbe fantastico". Cinque minuti più tardi, Sam venne al mondo.

Con il senno di poi, è piuttosto facile individuare una serie di passi falsi commessi da tutte le persone coinvolte, alcuni dei quali si sarebbero potuti evitare ponendosi la domanda "cosa conta davvero?". L'unica cosa davvero importante per Katie e Sam era un parto sicuro. Eppure, molte delle persone coinvolte hanno sprecato tempo prezioso per delle sciocchezze. Dare da mangiare ai cavalli e farsi una doccia sono buone abitudini nella vita di tutti i giorni, ma non quando si sta per partorire. Non spendere una fortuna per il parcheggio? È un proposito encomiabile in generale, ed è stato un *leitmotiv* nella vita di mio padre, ma forse non è poi così importante quando vostra moglie ha le doglie. Anche attenersi alle procedure burocratiche non conta tanto quanto garantire la sicurezza durante la nascita di un bebè. Allo stesso modo, accertarsi di indossare i copriscarpe prima di far venire al mondo un bambino può essere una buona idea in termini astratti, ma forse non ne vale la pena quando il tempismo è un fattore essenziale.

Come dimostra la nostra disavventura con Sam, è fin troppo semplice perdere di vista ciò che conta davvero. Potremmo essere troppo presi dalla solita routine per prestare attenzione. Potremmo non avere fiducia nelle nostre capacità e concentrarci su dettagli altamente irrilevanti piuttosto che affrontare le difficoltà e le sfide che ci attendono. Potremmo essere talmente stressati da distrarci con facilità e fare fatica a concentrarci. In ciascuna di queste situazioni, è utile chiedersi cosa conta davvero. Questo aiuta a svincolarsi dalle solite abitudini, trovare il coraggio di affrontare le criticità e recuperare la calma necessaria per individuare cosa sia davvero importante. Per fortuna, ci è andata bene con Sam e alla fine la vicenda è diventata un simpatico aneddoto da raccontare benché, indubbiamente, Katie e i suoi genitori ci abbiano messo un pochino a scorgere il lato comico della nostra follia... okay, la mia follia. Abbiamo avuto una serie di scambi, poco dopo la nascita, in cui sostenevo cose del tipo: «Devi ammettere che è stato almeno un po' buffo quando mi sono messo a cercare un parcheggio economico. Eh? No?».

Chiedere a sé stessi e agli altri cosa conta davvero è utile sia in ambito lavorativo che a scuola. Permette di evitare distrazioni, divagazioni e dettagli irrilevanti e di restare concentrati sugli impegni concreti e importanti che vanno portati a termine. Pensate all'infermiera che ha proposto di chiamare il medico strutturato o al medico stesso che nel giro di pochi minuti ha capito al volo cosa fare. Sia l'infermiera che il dottore si erano evidentemente domandati una qualche versione di "cosa conta davvero?" e avevano inquadrato la situazione.

Oppure prendete in considerazione l'esempio del mio ex capo, l'allora presidente della Corte suprema William H. Rehnquist, che non perdeva mai di vista l'obiettivo. Come ho accennato nel primo capitolo, ho lavorato per un anno come suo assistente poco dopo la laurea in Giurisprudenza. Uno dei miei compiti consisteva nell'aiutare, insieme ai miei due colleghi, il presidente (o "Capo", come lo chiamavamo noi) a prepararsi per le udienze dibattimentali. Per farlo, leggevamo i numerosi fascicoli redatti dagli avvocati per le parti in causa, oltre a qualsiasi ulteriore memoria *amicus curiae* (o "amico della corte"), preparata di solito da associazioni che mettono a disposizione le proprie competenze o punti di vista sugli argomenti in gioco. In totale, ogni caso prevedeva centinaia di pagine di documenti scritti che assistenti e giudici dovevano esaminare con attenzione per prepararsi a un'ora di udienza.

Quasi tutti gli altri giudici chiedevano ai propri assistenti di stilare i cosiddetti "*memorandum* da banco", che riassumevano i fatti e la storia procedurale del caso, insieme alle argomentazioni esposte nei vari fascicoli. I *memorandum* di solito terminavano con una valutazione del merito del caso, oltre a contenere alcuni spunti per le domande. Li chiamavamo "*memorandum* da banco" perché i giudici se li portavano al banco in cui sedevano durante le udienze. Come potete immaginare, questi "promemoria" erano piuttosto lunghi e ci voleva un sacco di tempo ed energie per prepararli.

Il Capo non ci obbligava a scriverli, il che era uno dei tanti aspetti meravigliosi di fargli da assistente. Lui si preparava per le udienze facendo il giro dell'isolato con l'assistente responsabile del caso. L'unico fattore un tantino ansiogeno di questo sistema era la tempistica incerta. (Per quanto mi riguardava, lo era anche la possibilità molto concreta di fare la figura dello stupido davanti al presidente della Corte suprema degli Stati Uniti d'America.) Sapevamo di dover essere pronti a discutere il caso con il Capo entro una certa data, ma non sapevamo esattamente quando, dopo quella data, il telefono avrebbe squillato per un invito a fare quattro passi con lui.

Facevamo il giro dell'isolato in cui si trova il palazzo della Corte suprema, che è un enorme edificio decorato alle spalle del Campidoglio. Quelle passeggiate dimostravano quanto fossero poco conosciuti i giudici della Corte suprema, il Capo incluso. Solo una volta qualcuno lo riconobbe, ma si trattava di Linda Greenhouse, corrispondente della Corte suprema per il «New York Times». Durante i nostri giretti, incontravamo sempre dei turisti che visitavano il palazzo della Corte suprema, ma nessuno riconosceva mai il presidente. Ricordo che una volta, quando ci dovemmo fare largo tra una folla di ragazzini indisciplinati, il Capo suggerì alla loro insegnante che forse poteva impedire agli alunni di ostruire il marciapiede. Lei rispose con un'espressione che lasciava intendere, in maniera piuttosto eloquente, che forse quel vecchio avrebbe potuto farsi gli affari propri. Io sorrisi e pensai: "Se solo sapesse...".

Durante quelle passeggiate, che di solito duravano una ventina di minuti, si parlava del caso e dell'udienza imminente. Il Capo cominciava chiedendo il nostro parere sul merito del caso, poi iniziava a porre delle domande. I suoi quesiti puntavano dritti al nocciolo della questione. Non sprecavamo tempo su dettagli procedurali irrilevanti per l'esito finale, né su qualunque altro aspetto del caso che non avrebbe influito sul risultato. Era tutto arrosto e niente fumo; tutta sostanza e niente fuffa. Io e il Capo non eravamo sempre d'accordo sulle risposte alle domande, poiché vedevamo il mondo con occhi molto diversi. In effetti, ricordo che mi chiedeva, in una vasta gamma di modi: «Aspetta, cosa? Lo pensi sul serio? Voglio dire, non stai scherzando?». Ma non c'era il minimo dubbio che i suoi quesiti fossero proprio quelli giusti da fare; erano simili al tipo di interrogativi che il giudice Stevens poneva durante le udienze dibattimentali.

Bisogna ammettere che il Capo aveva un talento davvero eccezionale nel farsi strada tra una valanga di informazioni per individuare domande e temi chiave. È uno dei motivi per cui era un avvocato così brillante ed è stato nominato giudice della Corte suprema. A differenza del medico specializzando in cui ci imbattemmo quando nacque Sam, il Capo aveva anche una certa esperienza. Quando diventai suo assistente, lui era già membro della Corte da una ventina d'anni, per cui aveva avuto un sacco di occasioni per affinare le proprie doti. Talento ed esperienza lo aiutavano senz'altro a individuare alla svelta ciò che contava di più nelle udienze a cui partecipava.

Ma anche il suo atteggiamento mentale aveva la propria rilevanza. Il Capo affrontava la vita allo stesso modo in cui affrontava le cause. Stabiliva con chiarezza cosa contasse davvero in ogni aspetto della propria esistenza; non gli piaceva perdere tempo. Anni dopo essere stato suo assistente, mi è capitato sotto gli occhi un passaggio tratto dal libro di Tim Geithner, che è stato segretario al Tesoro durante la presidenza Obama. Quel brano mi ha fatto tornare in mente il Capo. Come ci si può immaginare, il segretario Geithner doveva partecipare a un sacco di incontri, alcuni dei quali erano "reali" e volti a ottenere risultati concreti, mentre altri erano solo una messa in scena. Così prese l'abitudine di presentarsi alle riunioni indette da altri chiedendo: «Questo è un incontro reale o fittizio?». Geithner in seguito si rimproverò di essere troppo impaziente, ma io trovo la sua domanda esilarante e molto azzeccata. Ciò che evidentemente contava per lui era portare a termine il proprio lavoro, non fare le cose tanto per fare. Il giudice Rehnquist la pensava allo stesso modo.

Credo che il Capo odiasse perdere tempo perché aveva una sfilza quasi infinita di hobby e interessi, tra cui la geografia, la storia, le operette di Gilbert e Sullivan, il nuoto, la meteorologia, il football universitario, il tennis, la pittura e la scrittura. Benché svolgesse uno dei lavori più impegnativi e prestigiosi al mondo, che prendeva molto sul serio, si ritagliava del tempo per le sue passioni e si dedicava molto alla propria famiglia. Riusciva a considerare le responsabilità derivanti dalla sua carica come un aspetto della propria vita senz'altro cruciale, ma comunque uno tra i tanti.

Con tutte le cose che voleva fare, sapeva che non poteva permettersi di sprecare neanche un secondo.

Ripensai all'approccio del Capo nei confronti della vita durante un intervento di Randy Pausch presso la University of Virginia a cui assistetti nel 2008. Come forse saprete, Pausch era professore di Informatica presso la Carnegie Mellon University e nel 2007 scoprì di essere affetto da un tumore incurabile al pancreas. Poco dopo la diagnosi, tenne una conferenza alla Carnegie Mellon intitolata *The Last Lecture: Really Achieving Your Childhood Dreams*[5]. Poi scrisse un libro, che diventò un bestseller, per approfondire il tema della conferenza. Il suo intervento alla UVA parlava proprio del libro.

Mi aspettavo di assistere a una lezione profondamente filosofica sul significato della vita, impartita da una persona che si stava confrontando con la propria mortalità. Invece, con mia grande sorpresa, fu una conferenza estremamente pratica che illustrava nel dettaglio una serie di modi per risparmiare tempo al lavoro. La premessa di fondo del professor Pausch era che bisogna essere il più efficienti possibile nella propria professione per poter fare tutte quelle cose al di fuori del lavoro che sono altrettanto importanti, come trascorrere del tempo con la famiglia e gli amici o dedicarsi a qualche hobby e altre passioni. Quali fossero queste cose non gli importava,

---

5. Ovvero "L'ultima lezione: realizzare sul serio i sogni dell'infanzia" [*N.d.T.*].

così come non era suo interesse dire al pubblico a cosa dare o meno valore. Consigliava piuttosto di adottare un atteggiamento ipervigile nei confronti del quesito "cosa conta davvero?", per cui ponendosi questa domanda con regolarità si elaborano delle strategie concrete che aiutano a condurre una vita coerente con le relative risposte. Benché rimasi inizialmente deluso dalla conferenza, alla fine compresi il valore del suo consiglio, che mi fece apprezzare ancora di più l'esempio impartito dal Capo.

Non bisogna essere il presidente della Corte suprema degli Stati Uniti per chiedersi cosa conta davvero o per beneficiare della risposta. Mio padre, ad esempio, non è mai stato nominato giudice capo, ma ha capito cosa contava davvero per lui: la famiglia. Quasi ogni cosa abbia fatto nella sua vita era riconducibile a questo concetto fondamentale. Svolgeva il proprio lavoro non perché gli piacesse particolarmente, ma per mantenerci. (Ricordo ancora che scosse la testa per la mia ingenuità, quando gli confidai che speravo di trovare un impiego che mi entusiasmasse, mentre lui sosteneva: «Si chiama lavoro per un motivo».) Quando era a casa, passava il tempo a fare tutta una serie di lavoretti, ad assistere alle attività mie e di mia sorella e a cercare di trasmettermi qualche abilità con il fai da te, in cui sono tuttora scarsissimo; provò ad esempio a insegnarmi a sostituire una presa elettrica, ma ben presto ci rinunciò perché continuavo a prendere la scossa.

Trascorreva anche un sacco di tempo a giocare a baseball con me in giardino. In primavera e in estate, passavamo ore insieme, con lui che batteva una palla dopo l'altra mentre io ricevevo; di tanto in tanto mi dava anche qualche consiglio, come la volta in cui avevo sottovalutato una palla tesa e mi disse: «Okay, dammi qua il dente e rimettiti in posizione». «Ma era solo un dentino da latte!» ricordo che si giustificò in seguito con mia mamma, alquanto inorridita.

Invecchiando, mio padre diventò sempre più sentimentale, per cui si faceva prendere dalle emozioni in occasione di eventi solenni quali lauree e matrimoni. Quando terminai il college commentò, con le lacrime agli occhi, che forse avevo imparato una cosina o due, a furia di ricevere palle da baseball in giardino. Lo disse un po' per scherzo, ma in parte era anche il suo modo commovente di ammettere che lui non era andato al college e di esprimere la sua speranza di avermi comunque aiutato nel mio percorso.

La battuta sul baseball diventò una gag ricorrente tra di noi, che ripeté quando mi laureai in Legge e ogni volta che intrapresi un nuovo percorso lavorativo o raggiunsi un qualche traguardo. Nel 1997, un anno prima che mio padre morisse, mi offrirono un posto come docente di Giurisprudenza presso la University of Virginia. Io e Katie eravamo neogenitori, all'epoca. Quando chiamai i miei per dire loro della proposta della UVA, mio padre, com'era prevedibile, commentò che dovevo aver imparato un sacco di cose giocando a baseball con lui in giardino. Pensai a nostro figlio Will e, invece di ridere semplicemente per la battuta, come facevo di solito, dissi a mio padre, senza sapere che sarebbe stata la mia ultima occasione: «Ho imparato sul serio un sacco di cose, pa'. Ho imparato cosa significa essere un buon padre». Cercai di aggiungere qualcos'altro, ma lui cominciò a singhiozzare e passò il telefono alla mamma.

Mio padre non è stato l'unico a decidere che la famiglia era davvero importante per lui. Credo che la maggior parte della gente che si chiede cosa conti davvero, nel grande schema della vita, includerebbe la famiglia nella risposta, a prescindere da cosa si intenda per famiglia. Anzi, tra le cinque domande essenziali, quest'ultima è un po' diversa rispetto alle altre poiché le risposte sono abbastanza prevedibili, almeno in apparenza. Scommetto che quasi chiunque si ponga questa domanda riconosca come elementi che contano davvero la famiglia, gli amici, il lavoro e forse la gentilezza.

Lo dico con una certa convinzione, perché ho letto un sacco di testi scritti per commemorare la vita di qualcuno che è scomparso da poco. Le riviste legali, che sfoglio abitualmente in quanto professore di Giurisprudenza, riportano spesso dei trafiletti che rendono omaggio al lavoro e alla vita di qualche collega scomparso. Anche i quotidiani contengono necrologi dettagliati di persone defunte degne di nota. E dopo l'attentato terroristico al World Trade Center, il «New York Times» ha dedicato molte pagine alle storie degli uomini e delle donne uccisi l'11 settembre, e io le ho lette tutte. Questo genere di tributi mi ha sempre affascinato. Anzi, trovo certe storie talmente avvincenti che per anni ho continuato a ribadire, a chiunque mi desse retta, che dovrebbe esistere un canale funebre sulla TV via cavo. Ma sto divagando.

Leggendo vari annunci funebri ho scoperto che di solito fanno tutti leva sulle quattro sfere della vita citate poco fa: famiglia, amici, lavoro e atti di gentilezza. Naturalmente, certi necrologi vanno presi con le pinze, perché la critica oggettiva non è una prerogativa del genere. Inoltre, se si presta attenzione durante la lettura, si intuisce quando l'autore ha faticato a farsi venire in mente un esempio per una delle quattro categorie; eppure chi scrive ci prova quasi sempre, il che conferma l'importanza universale di questi quattro ambiti fondamentali. Il fatto che gli autori dei necrologi cerchino di soffermarsi su certi argomenti dimostra che li ritengono dei temi che contano davvero; del resto, non avrebbe senso parlare a lungo di aspetti della vita del defunto che si reputano ininfluenti.

Il fatto di sapere già le risposte non vuol dire che sia inutile chiedersi cosa conti davvero. Magari secondo voi ci sono delle categorie aggiuntive. E soprattutto, all'interno di queste macroaree, dovete comunque individuare ciò che conta davvero per voi. In altre parole, bisogna decidere da soli cosa sia davvero importante nel proprio lavoro, in ambito familiare, nelle amicizie e come essere gentili. Bisogna inoltre decidere come trovare un equilibrio tra i vari valori quando c'è dell'attrito o sono in netto contrasto tra loro, come nel caso della perenne necessità di conciliare lavoro e famiglia.

Chiedersi "cosa conta davvero?" prima che scrivano il vostro necrologio è un buon metodo per fare un bilancio della vostra vita; si tratta infatti di un'ottima domanda da porsi a Capodanno. Se anche voi, come me, fate schifo a mantenere i buoni propositi per l'anno che verrà, sostituire un proposito con una domanda potrebbe rivelarsi una strategia vincente. Il segreto è andare ben oltre la semplice individuazione delle categorie o degli aspetti che contano davvero per voi e riflettere a fondo su ciò che sta andando bene, ciò che potrebbe andare meglio, e perché. Io cerco di pensare, ad esempio, a come potrei essere un marito migliore, un padre migliore, un amico migliore e un collega migliore. Quando i miei genitori erano ancora in vita, cercavo anche di pensare a come essere un figlio migliore. Non ho ancora raggiunto la sufficienza, motivo per cui continuo a pormi la domanda.

Concludo con un esempio che riguarda mia madre e che aiuta a comprendere perché ritenere importante la famiglia è un buon punto di partenza, ma non risponde del tutto alla domanda "cosa conta davvero?". Sapevo che mia madre era importante per me, ma mi ci è voluto molto tempo per capire che ciò che contava davvero per lei (e quindi per il nostro rapporto) era il mio perdono.

Per gran parte della mia infanzia e per tutto il resto del tempo, da quando sono adulto, mia madre è stata un'alcolista disintossicata. Conosco il luogo comune secondo cui "un alcolista resta pur sempre un alcolista". Ma io definisco mia madre un'alcolista disintossicata perché, dopo che ha smesso di bere, non ci è mai più ricaduta fino alla fine dei suoi giorni. Tuttavia, per smettere, se n'è dovuta andare per un po'.

Quando avevo sette anni, mio padre la convinse a entrare in un centro di recupero che lei in seguito ribattezzò con il nomignolo poco affettuoso di "alcolandia". Mio padre non poteva permettersi il costo della struttura, perciò chiese un prestito allo zio di mia madre, che era un uomo di discreto successo. Lei sparì per circa sei mesi e, mentre era ricoverata, mio padre si prese cura di me e mia sorella. Questo accadde all'inizio degli anni Settanta, quando ancora molti padri non erano coinvolti attivamente nelle "gioie" quotidiane dell'essere genitore e in un momento in cui la mia famiglia non poteva permettersi una babysitter a tempo pieno, per cui la situazione era un po' delicata.

Ho solo qualche vaga reminiscenza del periodo in cui mia madre non c'era. Ricordo che io e mia sorella ci alzavamo alle cinque e mezza del mattino per poi farci lasciare a casa della vicina prima di andare a scuola, in modo che mio padre potesse essere al lavoro per le sei e trenta. Ricordo che questa vicina, che aveva cinque figli, usava il latte in polvere per i cereali e non ci lasciava guardare la TV prima di andare a scuola; nessuna delle due cose mi entusiasmava. Ricordo che mia madre mi scriveva molte lettere, spesso in modi creativi, sul retro di immagini dipinte da lei o con scritte a spirale su cerchi di carta. Ricordo che mi è mancata davvero tanto durante una delle partite del campionato giovanile di baseball. Rammento di aver osservato un vicino, che mi aveva accompagnato al campo estivo, mentre mi indicava e spiegava evidentemente al responsabile cosa fosse successo a me e mia madre. Ricordo di aver pianto in quell'occasione per la prima e unica volta durante l'assenza di mia madre; di essere dovuto andare a casa del nonno un sabato in cui papà era andato a trovare la mamma e di aver protestato perché era il giorno in cui iniziavano le nuove puntate dei cartoni animati dell'autunno e mio nonno non aveva la TV. E ricordo il giorno in cui mia madre tornò a casa e organizzammo una festa in suo onore.

Da quel giorno in avanti, benché mi ci vollero parecchi anni per rendermene conto, mia madre cercò in tutti i modi di farsi perdonare per il tempo perduto. Come mio padre, anche lei si dedicò interamente a me e mia sorella. La nostra era una famiglia piuttosto tradizionale. Mia mamma fece la casalinga finché mia sorella non andò al college, poi tornò a lavorare per aiutare a pagare le spese universitarie.

Mia madre era premurosa, intelligente e molto in gamba. Preparava ogni tipo di torta e crostata. I suoi dolci la resero una leggenda tra parenti e amici. Sapeva cucire e ogni anno ci confezionava i costumi per Halloween; ci faceva maglioni, sciarpe, guanti e berretti a maglia; lavorava all'uncinetto e ricamava a punto croce. Inoltre leggeva due o tre gialli a settimana ed era in grado di completare in un'ora il cruciverba del «New York Times» della domenica. Ci accompagnava a tutti gli allenamenti e le partite, durante le quali restava sempre a vederci. Fu come una seconda mamma per i miei amici e li conosceva bene quanto me. Quando io e mia sorella uscimmo di casa per andare al college (e anche dopo), continuò a spedirci pacchi con generi di conforto, a venire a trovarci, a restare alzata fino a tardi per darci il benvenuto quando tornavamo a casa e a svegliarsi presto per salutarci quando ripartivamo. Sarebbe poi diventata una nonna devota per i miei figli e le mie nipoti. E, come ho già detto, non ha mai più toccato alcolici. Per me, l'intera vicenda di lei che non c'era quando avevo sette anni (e anche di lei che beveva, se è per questo) era ben presto svanita, al punto che praticamente non era mai successo.

Ma lei non se lo scordò mai. Né, come appresi in seguito, riusciva a toglierselo dalla testa tanto facilmente. Il giorno in cui io e Katie ci sposammo, mia madre mi prese in disparte prima che la cerimonia iniziasse, quando molti degli invitati dovevano ancora arrivare. Mi sembrava nervosa, ma non capivo perché. Poi cominciò a parlare del brindisi del testimone e del fatto che ci sarebbe stato lo spumante. Non la seguivo e alla fine le chiesi, con tono un po' impaziente, cosa volesse dire. «Mi chiedevo» tentennò, «se per te andrebbe bene se io bevessi un sorso di spumante durante il brindisi».

Io risposi subito: «Ma certo, mamma, andrebbe benissimo» e aggiunsi, «non devi chiedermelo. È tutto okay. Davvero. Non starci neanche a pensare. D'accordo?». L'abbracciai, ma sentivo che c'era qualcosa che non andava.

Lei sussurrò: «D'accordo, grazie» ma non si mosse di un millimetro.

Poi capii cosa mi stesse chiedendo in realtà, il che mi tolse il respiro. La guardai di nuovo e le dissi: «Mamma, ti perdono». Le spiegai che non ero nemmeno sicuro di avercela mai davvero avuta con lei, ma se così fosse stato, di certo l'avevo perdonata molto tempo fa. Aggiunsi che mi dispiaceva che ancora non lo sapesse e cercai di rassicurarla che tutto quello che aveva fatto da allora era più di quanto chiunque si sarebbe aspettato o avrebbe voluto da un genitore. Qualche ora più tardi, facemmo cin cin durante il brindisi, ma naturalmente quello che contava davvero non era lo spumante.

Quello che contava davvero era che mia madre sapesse che l'avevo perdonata. Mi verrebbe da dire che perdonare coloro a cui volete bene (e fare sapere loro che li perdonate) dovrebbe contare davvero per voi. Ma non posso esserne certo, perché sta a voi decidere cosa conti davvero. Io vi consiglio soltanto di porre regolarmente questo interrogativo agli altri, senz'altro, ma soprattutto a voi stessi, e di rispondere con onestà e coraggio. Se lo farete, questa domanda non vi aiuterà soltanto ad arrivare al nocciolo di una questione o di un problema, ma anche ad arrivare al cuore della vostra vita.

CONCLUSIONI

La domanda bonus

Mi sono imbattuto nella domanda bonus di recente, durante la commemorazione funebre di un mio carissimo amico, nonché ex coinquilino alla facoltà di Legge, Doug Kendall. Come forse ricorderete dal capitolo 3, Doug è l'avvocato che ha istituito il *Constitutional Accountability Center* (CAC) ponendo essenzialmente la domanda "non potremmo almeno concordare su...?" a proposito di un approccio interpretativo della Costituzione. Doug era un avvocato di raro talento, un leader lungimirante e un amico, un padre e un marito devoto. Aveva anche una marcia in più nel porre domande fantastiche, oserei dire essenziali.

Lo incontrai per la prima volta nel 1989 su un campo da rugby. Partecipavamo entrambi alle selezioni per entrare nella squadra della University of Virginia. Ricordo che Doug mi squadrò da capo a piedi, dall'alto del suo metro e novantatré di statura. Era davvero enorme, il che gli valse il soprannome di "Big Man", cioè Omone o Grande uomo, e aveva un testone straordinariamente grosso con folti capelli castani, per cui si aggiudicò anche un altro nomignolo: "Buffalo Head", ovvero Testa da bisonte. Quando Doug mi vide, commentò sorridendo: «Sei piccoletto per giocare a rugby».

Nel quarto di secolo che seguì, io e Doug diventammo compagni di squadra, coinquilini, coautori e complici. Non giocavamo soltanto a rugby insieme, andavamo anche al pronto soccorso insieme (le due cose erano collegate). Una volta, sempre insieme, bevemmo birra da una scarpa infangata (un'incantevole tradizione rugbistica). Andavamo in bicicletta, facevamo escursioni, giri in kayak e in canoa; andammo in vacanza in Norvegia, in Messico, in Costa Rica, ad Amsterdam e in California. Andavamo ai concerti di Bruce Springsteen e alle partite di basket della UVA. Ci venne la fissa di scrivere un lungo articolo a quattro mani sull'espropriazione per pubblica utilità, un tema perlopiù sconosciuto ma "molto importante", per come la vedeva Doug; collaborammo alla stesura di alcuni articoli sulle nomine giudiziarie; dibattemmo sul significato originario di varie clausole della Costituzione statunitense. Non c'erano molti aspetti della mia vita che non si intrecciassero con quella di Doug.

Gli altri nostri coinquilini all'università non erano personaggi timidi o riservati. Eppure, nonostante le forti personalità presenti nel gruppo, Doug era senza ombra di dubbio il nostro leader.

Era lui che organizzava le uscite per vedersi. La tradizione iniziò nella primavera del 1990, durante il nostro primo anno di Giurisprudenza, quando Doug ci propose un viaggio nel Watoga State Park, un parco nazionale del West Virginia. Nei venticinque anni successivi, continuammo a ritrovarci almeno una volta l'anno e la nostra ultima rimpatriata avvenne nel Maine, un mese prima che Doug morisse. Grazie a questi ritrovi, diventammo come una famiglia, come fratelli, e fu tutto merito suo. Sapeva quanto fosse importante stare insieme e faceva in modo che ci vedessimo nonostante le nostre agende sempre più fitte, spesso chiedendo: «Non potremmo almeno...?».

Doug non era solo un leader, era anche il nostro cheerleader. Credeva nei suoi amici più stretti e nei membri della sua famiglia più di quanto noi credessimo in noi stessi. Non ci diceva mai cosa fare, ma chiedeva sempre come ci potesse essere di aiuto. E in effetti ci aiutava. Ci aiutava a diventare versioni migliori di noi stessi, ponendoci delle domande irresistibili a proposito di lavoro, rapporti interpersonali, ambizioni e paure; erano domande che suscitavano risposte sincere e che, proprio come delle chiavi, schiudevano le porte di ciò che potevamo tenere nascosto agli altri e a noi stessi.

Doug aveva un talento quasi mistico. A dirla tutta, i risvolti pratici della vita quotidiana spesso si rivelavano troppo impegnativi per lui. Forse non pronunciava le esatte parole "aspetta, cosa?", ma spesso e volentieri poneva una qualche versione di quella domanda. Quando eravamo all'università, ad esempio, ogni tanto gli chiedevo uno strappo per tornare a casa. Vivevamo a circa quindici chilometri dalla facoltà di Giurisprudenza, in una piccola fattoria in aperta campagna. Quando gli chiedevo a che ora pensasse di rientrare, spesso mi guardava spaesato e mi domandava una qualche variante di "aspetta, cosa?". Dopodiché, mi proponeva di richiederglielo di lì a un paio d'ore. Io rispondevo: «Vuoi dire che tra un paio d'ore dovrei *chiederti* quando hai intenzione di tornare a casa? Non che tra un paio d'ore *ci vediamo* per rientrare?». «Esatto» ribatteva lui, «richiedimelo tra un paio d'ore».

Io avevo il brutto vizio di fargli sempre una domanda di troppo (le vecchie abitudini fastidiose, consolidate durante le cene in famiglia, sono dure a morire). Quando superavo il limite, quel dolce gigante gentile di Doug si trasformava in qualcosa di totalmente diverso. Avevamo ribattezzato le sue metamorfosi "Doug-astrofi", perché erano proprio come delle catastrofi, ma più grandi. Così, quando Doug mi proponeva di chiedergli novità sul passaggio di lì a un paio d'ore, invece di assecondarlo, io insistevo e gli domandavo con tono piccato cosa avrebbe scoperto nel giro di due ore che non sapesse già. Lui rispondeva qualcosa del tipo: «Saprò se avrò voglia di dare uno strappo a quella testa di cavolo che ti ritrovi o se invece ti farò fare quindici chilometri a piedi. Ecco cosa saprò». Al che, annuivo garbatamente e indietreggiavo.

Eppure, benché Doug fosse spesso disorientato dalle questioni superficiali della vita, non ho mai conosciuto qualcuno più in contatto di lui con le correnti profonde dell'esistenza. Per questo motivo, ci rivolgevamo tutti a lui quando avevamo grandi decisioni da prendere riguardo alle nostre carriere, a un eventuale trasloco o persino a un matrimonio. Lui aveva il tacito compito di consacrare le nostre scelte, non perché pensasse davvero di avere il potere di concederci la sua benedizione o che noi dovessimo seguire il suo consiglio, ma perché noi tutti sapevamo che aveva sempre ben chiaro in mente cosa contasse davvero. Se quello che stavamo facendo aveva senso secondo Doug, eravamo più sicuri che fosse la cosa giusta da fare.

Parte di ciò che lo rendeva un tale leader, sia per i suoi coinquilini che per i colleghi, è che non era cinico. Era parecchio sarcastico, questo senz'altro, ma c'era anche una certa vulnerabilità in lui, una sorta di trasparenza. Non aveva paura di mostrare la sua passione per le questioni che gli stavano a cuore, nonostante fossero incomprensibili, come nel caso della "Takings Clause" (espropriazione per pubblica utilità) del quinto emendamento della Costituzione, che Doug riteneva di vitale importanza, benché immagino non ne abbiate mai sentito parlare. Non si preoccupava mai di sembrare ingenuo, né si vergognava di esprimere la sua sincera curiosità. In altre parole, non aveva mai paura di chiedere: «Chissà perché?».

Doug è morto di cancro al colon nel 2016, all'età di 51 anni. Sul retro del libretto preparato per la funzione commemorativa in suo onore, c'era una poesia di Raymond Carver intitolata *Ultimo frammento*, che comincia con quella che ho definito la domanda bonus; si tratta forse della questione più importante che dovremo mai affrontare:

«E hai ottenuto quello che volevi da questa vita, nonostante tutto?».

Il "nonostante tutto" alla fine della domanda rende molto bene, secondo me, la realtà per cui dolore e delusione fanno inevitabilmente parte di una vita piena, ma trasmette anche la speranza che la vita, *nonostante tutto*, offra la possibilità della gioia e della soddisfazione. Ho il sospetto che Carver, che stava morendo di cancro quando ha scritto la poesia, stesse pensando alla propria vita, che è stata piena di amore e sofferenza, senso di fallimento e redenzione. Quanto alla commemorazione di Doug, la domanda rifletteva il dato dolceamaro per cui lui aveva vissuto una vita senz'altro incredibile e meravigliosa, ma era morto davvero troppo presto.

Naturalmente, non posso garantire che avvalendovi dei cinque quesiti essenziali presenti in questo libro, sarete in grado di rispondere "sì" alla domanda bonus. Sono però convinto che questi interrogativi vi aiuteranno a raggiungere tale obiettivo, se li porrete con regolarità, perché possono essere una guida molto utile per condurre una vita appagante. Del resto, riguardano un sacco di aree molto importanti:

"Aspetta, cosa?" è alla radice della comprensione.
"Chissà...?" è l'essenza della curiosità.

"Non potremmo almeno…?" è all'origine del progresso.
"Come posso essere di aiuto?" è alla base delle buone relazioni.
E "cosa conta davvero?" aiuta ad arrivare al nocciolo dell'esistenza.

Se condurrete una vita alimentata da curiosità e comprensione, se sarete sempre disposti a provare cose nuove e ad aiutare e apprendere dagli altri e se rimarrete concentrati su ciò che conta davvero per voi, sono certo che vi ritroverete in un'ottima posizione per poter rispondere di sì, quando sarà ora di porsi la domanda bonus.

Nel consigliarvi di riflettere su quello che volete dalla vita, non intendo dire che dovreste assumere un atteggiamento egoistico o considerare la vita solo come qualcosa da cui attingere senza mai restituire nulla. Né è mio intento suggerire che dovreste pensare a un guadagno materiale. Sto solo dicendo di pensare già adesso a cosa probabilmente conterà per voi, quando il tempo a vostra disposizione sarà terminato. Sono pronto a scommettere che il guadagno materiale giocherà un ruolo relativamente secondario nella vostra risposta finale e che le vostre relazioni con gli altri saranno invece un parametro cruciale per valutare la vostra vita.

O almeno, è così che Raymond Carver concepiva la propria esistenza. Dopo essersi posto la domanda «E hai ottenuto quello che volevi da questa vita, nonostante tutto?», la poesia prosegue:

«Sì.
E cos'è che volevi?
Potermi dire amato, sentirmi
amato sulla terra».

La parola "amato" è importante in questo caso, perché non significa soltanto benvoluto, ma anche prediletto e rispettato. Sentirsi amati non è l'unico indicatore di una vita ben vissuta. Ma suppongo che, per molti di noi, lasciare questa terra sentendoci benvoluti, prediletti e rispettati sia un obiettivo interessante e, in fin dei conti, anche una ricompensa allettante. Porre delle buone domande (delle domande essenziali) e ascoltare le risposte è un sentiero che conduce verso tale obiettivo e ricompensa. Del resto, è tramite certi quesiti che si formano e si approfondiscono i legami.

Il mio amico Doug ha dimostrato proprio questo nell'arco della sua vita; ecco perché la poesia di Carver è parsa tanto appropriata per il suo funerale e perché ho dedicato questo libro alla sua memoria. Doug poneva degli interrogativi essenziali e ascoltava con attenzione le nostre risposte. Capiva profondamente il potere e la bellezza delle buone domande. Era amato dalla sua famiglia, dagli amici e dai colleghi e ci faceva sentire tutti amati a nostra volta. La sua vita è stata senz'altro la conferma che un metodo sicuro per sentirsi amati è aiutare gli altri a sentirsi allo stesso modo.

E se non sapete bene come fare, basta chiedere.

RINGRAZIAMENTI

Il presente libro non avrebbe mai visto la luce senza Matt Weber, Meredith Lamont e Miles Doyle, il che significa che la colpa è in gran parte loro. Matt e Meredith sono due miei cari colleghi della Harvard Graduate School of Education, due persone davvero straordinarie, ed è stata loro l'idea di pubblicare online un breve filmato del mio discorso per la consegna dei diplomi. Sono certo che sia stata soprattutto la brevità del video a far sì che diventasse virale e attirasse l'attenzione di Miles, editor alla HarperCollins. Lui mi ha incoraggiato con gentilezza e tenacia a trasformare il discorso in un libro, benché gli avessi esposto le mie perplessità, visti gli impegni di lavoro e il fatto che non ero sicuro di avere altro da dire. Senza la sua fiducia e ottimismo, non avrei mai iniziato a scrivere questo volume e senza la sua abile opera di editing e il sostegno continuo, non l'avrei mai finito.

Vari amici e parenti hanno letto il manoscritto, tra cui Steve Gillon, Mimi Gurbst, Marcy Homer, Mike Klarman, Meredith Lamont, Daryl Levinson e Matt Weber.

Mi hanno tutti fornito dei fantastici suggerimenti e, aspetto non meno importante, hanno fatto finta di apprezzare i racconti. Anche mia moglie Katie ha letto il manoscritto e ha acconsentito (dopo che l'ho supplicata diverse volte) a non farmi cancellare le vicende che la riguardavano. Mi ha anzi aiutato a ricordare alcune vecchie storie. Nel frattempo, mentre ero impegnato nella stesura del libro, i nostri figli (Will, Sam, Ben e Phebe) hanno generato nuovi aneddoti, che condividerò, se mai ci sarà un seguito.

Grazie anche al mio agente, Howard Yoon, per l'esperta consulenza e assistenza, e a Progressive Publishing Services, che ha svolto un eccellente lavoro di correzione del testo. Grazie inoltre alla mia formidabile assistente, Monica Shack, per avermi aiutato a trovare il tempo da dedicare al libro.

La vera gioia della scrittura è dipesa dall'opportunità che questa mi ha offerto di riflettere un po' sugli amici e i parenti con cui ho avuto la fortuna di condividere la mia vita e su cui si potrebbero raccontare molte altre vicende. A tutti quanti voi, che siate stati citati in queste pagine o facciate parte di storie che è meglio non vengano mai pubblicate, rivolgo la mia più profonda gratitudine e affetto.

INDICE

INTRODUZIONE: PERCHÉ DOMANDARE? 3

1. ASPETTA, COSA? 21
2. CHISSÀ...? 37
3. NON POTREMMO ALMENO...? 59
4. COME POSSO ESSERE DI AIUTO? .. 78
5. COSA CONTA DAVVERO? 96

CONCLUSIONI: LA DOMANDA BONUS 117

RINGRAZIAMENTI 125

SCHEDA BIBLIOGRAFICA

Ryan, James E.

Le 5 Domande Essenziali (Più Una) / James Ryan. Cesena: Bis, 2018.

Titolo originale: WAIT, WHAT? And Life's Other Essential Questions

Traduzione: Elisa Caligiana

128 pp.; 12x16,8 cm (Essere Felici)

ISBN 978-88-9319-834-9

Titolo originale: WAIT, WHAT? And Life's Other Essential Questions

coordinamento editoriale Melania Tizzi
traduzione Elisa Caligiana
revisione Irene Carducci
editing Valentina Pieri
copertina Roberto Monti
stampa Tecnostampa srl, Loreto (AN)

I edizione aprile 2018
Collana "Essere Felici"

un marchio del Gruppo Macro
Via Giardino, 30 - 47522 Cesena (FC)
ISBN 978-88-9319-834-9